프레임에 갇힌 역사,
프레임을 깨는 역사

프레임에 갇힌 역사, 프레임을 깨는 역사

신유아 지음

혜안

글을 쓰게 된 이유

역사관과 역사교육에 대해 참 많은 이야기가 오가는 시대다. 정치가 역사를 필요로 하니 역사도 여기에 호응하는 것 같은데, 역사와 정치의 거리가 가까워지는 것은 어느 모로 보나 바람직한 일은 아닌 것 같다.

2014년 교육부에서 역사교과서 '국정화'와 관련된 업무를 하면서 겪었던 경험에 비추어 보았을 때, 방향이 어느 쪽이 되었든 역사를 도구로 삼아 성공할 수 있는 일은 없다고 생각되기 때문이다. 필자는 2000년부터 역사 교사로 15년간 재직하면서 고등학교에서 '국사'와 '세계사'를 가르쳤다. 두 과목을 동시에 맡는 것은 학교에서는 보통 기피 대상인데, 몇 년 하다 보니 뜻밖의 수확이 생겼다. 우리 교과서가 누구의 시각으로 역사를 보고 있는지가 눈에 들어오게 된 것이다. '세계사' 교과서는 본래 집필할 때 참고하는 서적들이 대부분 서양 사람들이 쓴 것이니, 그들의 시각이 많이 반영되는 것이 당연한 일일 수도 있다.

의외인 쪽은 '국사' 교과서였다. '국사'는 분명히 우리 역사인데, 우리의 시각에서 역사를 보았다고는 믿기 어려울 만큼 '한계'에 대한 이야기가 너무 많았다. 구체적인 역사적 사실을 근거로 한 것도 아니고, 아무리 보아도 개인의 '주관'에 불과한 '한계'들이 마치 '진리'인 듯 교과서에 박혀있게 된 경위가 궁금해졌다. 학생들은 교과서에 일단 나온 내용은 사실 fact로 받아들여 무조건 암기하는 경향이 있는데, 그런 교과서의 위력(?)을 생각하면 개인이 주관적으로 생각한 '의의'와 '한계'가 그렇게 쉽게 포함되어서는 안 될 것 같다.

　우리 역사를 서양사와 전혀 다른 잣대로 평가한 부분도 많이 있다. 한 마디로 서양사에서는 분열이든 전쟁이든 전부 다 '근대'를 향해가는 발전으로 해석되는 것에 비해, 우리 역사에서 일어난 일은 통일이든 개혁이든 뭐든 다 '한계'가 있어서 역사 발전이 지체된 것처럼 보이게 한 것이다.

　이렇게 된 것은 동서양의 역사 연구 목적과 관련이 있다고 생각되는데, 서양은 자신들이 왜 가장 먼저 '근대'를 이룩할 수 있었는지를 되도록 아름답게 설명하려는 목적에서 역사를 연구하는 데 반해, 우리는 그들의 '근대'와의 유사점을 찾아내고 '근대'가 지체된 책임 소재를 규명하기 위해 역사를 연구하고 있는 모양새이기 때문이다. 따라서 우리 역사 연구의 방향은 우리 역사 속에서 서양사의 발전 과정과 비슷한 모습을 찾으려고 하거나, 서양사와의 차이가 발생한 원인을 분석하는 쪽으로 이루어졌고, 이것이 우리 역사에 '한계'를 설정하는 방식으로 수렴했던 것으로 보인다.

　경제사적인 측면만을 지나치게 확대해서 역사 발전을 파악하려고 하는 시각도 문제다. 한때 그런 시각이 과학적·진보적이라고 신봉되었던 시절이 있었지만 4차 산업혁명을 맞이한 현대 사회에는 어울리지 않는 시각이다. 자본주의도 사회주의도 한계를 드러낸 지 이미 오래고 인간사 모든 것이 '구조'의 종속물이 아니라는 탈구조주의적 주장이 사상적 조류를 이룬 지도 수십 년이 흘렀는데, 우리 역사 교과서는 아직도 생산력의 발전과 자본주의적 생산양식의 도입이 우리 역사를 발전시킨 최대의 원동력인 듯 쓰여져 있으니, 이것이 역사관의 보수화인지, 진보사관의 교조화인지 잘 모르겠다.

언론을 통해 잘못된 역사관에 대한 비판을 가끔 접하지만, 특정한 사건이나 인물에 대한 긍정 혹은 부정적인 평가를 가지고 역사관을 따지는 것은 '역사관'이라는 단어의 의미를 잘못 이해하고 있는 것이다. 그런 개별적 사실에 대한 평가는 인간 내면의 사상적 자유에 속한 부분이고, 역사관은 역사의 전체적인 흐름에 대한 판단 기준을 뜻하는 것으로 보아야 한다. 그리고 역사의 발전과 지체에 대해 잘못된 기준을 갖게 되면, 역사를 후퇴시키는 변화를 더 선진적인 개혁으로 착각하게 될 것이므로, 더 나은 미래를 위해 노력해야 할 방향을 설정하는 일도 어려워질 수밖에 없다.

인간의 역사는 많은 사람들이 더 행복한 삶을 누릴 수 있도록 발전해야만 한다. 그러기 위해서는 무엇이 역사의 '발전'인지에 대해, 교과서에서 심어준 다분히 서구중심적 경제사관에 입각한 시각에서 벗어나, 다양한 방면으로 접근해 보려는 노력이 필요하다. 조선 후기 이앙법의 확산으로 인한 생산력의 증대가 '근대'를 향한 모든 '발전'의 시작이라는 사고도 보다 입체화되어야 한다. 인간의 역사 발전에 물질적·계량적 요인만이 그토록 절대적으로 작동했다면, 그 요인들에 대한 끝없는 '극복'의 결과라고 할 수 있는 지금의 상태에는 결코 이를 수 없었을 것이기 때문이다. 인간의 역사에서 인간 외적 요소가 차지하는 비중을 절대화하려는 시도는 현재의 서구중심적 역학관계를 당연시하도록 만들 뿐만 아니라, 이 상태가 앞으로도 지속되는 것을 저항 없이 수용하게 만드는 데 기여할 수도 있다.

인간의 역사에서 정치, 사회, 경제, 문화는 서로 분리되어 움직였던 적이 단 한 순간도 없었다. 모두 상호작용을 해 왔고 어느 한 가지 요소도 절대적인 '원인'으로서 선행하지 않았다. 고려 말에 이미 도입되었을 것으로 추정되는 이앙법이 조선 후기에 새삼스럽게 확산된 것에 아무런 배경이 없을 것이라고 생각하는 것은 논리적이지 않다. 양란 이후 급격하게 증가한 사회적 계층 이동의 가능성이 부富를 축적하려는 서민들의 욕구를 자극하였을 가능성에 대해서도 생각해 보아야 한다. 정치사회적 측면의 변화가 토지 개간과 농법 개량 등 생산력의 증대를 촉진하였고, 이들 간의 상호작용이 역사 발전을 이끌어갔을 수도 있다는 뜻이다.

지금은 6년째 대학에서 역사 교사가 되기를 꿈꾸는 학생들을 가르치고 있지만, 우리가 왜 우리 역사를 지금과 같이 '한계투성이'로 인식하게 되었는지에 대한 의문은 여전히 머릿속을 떠나지 않고 있다. 현장 교사로서 아이들을 가르치면서 갖게 된 이 무수한 의문들이 과연 혼자만의 엉뚱한 생각인지, 아니면 다른 역사 교사들도 품고 있는 것인지 답을 구해보고 싶었다.

끝으로 두서없는 질문에도 친절하게 답해주신 인천대 김정욱 교수님과 김윤경 교수님, 그리고 마음대로 글을 써놓고 무턱대고 책으로 내보고 싶다는 제자의 청을 들어주시기 위해 애써주신 서울대학교 역사교육과 서의식 교수님께 깊이 감사드린다.

2021년 인천대학교 미추홀 캠퍼스에서

글 싣는 차례

●

5. 역사 발전의 의미와 동력動力 203

I.

프레임에 갇힌 역사

1. 교과서가 설정한 '한계'
– 우리는 우리 역사를 어떻게 보고 있을까?

혹시 교과서에서 배운 대로,

고구려와 백제는 지배층이 분열해서 멸망했고, 부여와 가야는 '연맹 왕국'으로서의 한계 때문에 멸망했으며, 신라의 삼국통일은 외세(당나라)를 끌어들여 대동강 이남으로 영토를 줄였다는 한계가 있고, 신라 하대(통일신라 후기 선덕왕~경순왕 시기)는 156년이란 긴 시간 동안 온통 왕위쟁탈전으로 혼란했고, 인도의 카스트 제도만큼이나 폐쇄적이었던 골품제의 한계 때문에 멸망했다고 보고 있지 않은가?

고려는 어떤가?

거란과 여진의 침입은 '극복'했으나, 몽골의 침입이 있자 지배층은 강화도로 피신해 호의호식하면서 육지에 남은 백성들만 고통 받게 만들었고, 몽골과의 전쟁에서 오래 버틸 수 있었던 가장 큰 이유는 몽골이 기마 민족이라서 해전에 약했기 때문이라고 알고 있지 않은가?

조선의 경우는 또 어떨까?

프랑스혁명과 같은 '진정한' 혁명이 아니라 왕실의 성씨만 바뀐 것에 불과한 '역성혁명'에 의해 세워졌고, 과전법은 혁명에 가담한 세력에게 경제적 기반을 마련해주기 위한 것에 불과했으며, 16세기부터는 '주리主理'니 '주기主氣'니 하는 실생활에 아무 도움도 안 되는 문제를 가지고 싸웠고, 고려시대에 높았던 여성의 지위가 갑자기 하락했으며, 연산군

대부터는 '훈구파'와 '사림파'로 갈려서 4번이나 '사화士禍(선비들이 화를 입은 사건)'를 일으키더니, 선조 대에는 동인과 서인으로 나뉘어서 극렬하게 싸우다가 왜란을 당하고, 현종 대에는 대비가 상복을 얼마 동안 입을 것이냐를 가지고 2번이나 나라가 들썩이게 싸워서 붕당정치를 '변질'시키더니, 숙종 대에는 수시로 환국換局(정치세력의 교체)을 해서 정치를 혼란하게 만들고, 영조와 정조의 탕평책은 강력한 왕권으로 일시적으로 붕당을 억눌렀을 뿐 근본적으로 붕당을 없애지 못해서, 결국 세도정치로 이어지게 되었다고 알고 있지 않은가?

여기에 그치면 그래도 다행이다.

대동법은 100년이나 걸려서 전국으로 확대되었지만 결국 운영상의 폐단으로 인해 부담이 소작인에게 전가되었고 농민들에게 실제로 크게 도움이 되지 못했으며, 균역법도 역시 운영상의 폐단 때문에 백성들에게 별로 도움이 된 것이 없고, 병인양요의 원인은 '병인박해'이고 '신미양요'의 원인은 미국의 침입보다 5년 앞서 일어난 '제너럴셔먼호' 소각 사건이며, 흥선대원군의 통상수교거부정책은 '근대화'를 지연시키는 결과를 초래하였고, 국난 시기에 의병이 일어나긴 했지만 의병장이 전현직 관료 출신인 것이 한계였다고 알고 있지 않나?

물론, 그럴 수 있다. 그리고, 이 모든 내용들이 다 사실이 아니라고 말하기도 어렵다. 보통명사를 고유명사처럼 쓴 부분도 있고, 잘못된 용어가 사용된 경우도 있으며, 개인의 주관적인 평가를 마치 역사적 사실인 것처럼 인식하게 만든 부분이 상당히 있긴 해도, 그래도 지금까지 이런 내용들은 교과서에 나올 정도로 '객관적인' 역사 서술로 받아들여져 왔다.

그런데, 우리 교과서는 대체 누구의 눈으로 우리 역사를 본 걸까?

저 많은 '한계'들이 다 우리 차지가 된 것을 보면, 아무래도 우리 자신의 눈으로 역사를 본 것은 아닌 것 같다. 만약 우리 눈으로 보았다면 아마도 이렇게 쓰지 않았을까?

고구려는 요동을 중심으로 독자적인 천하天下를 이루어 동아시아 세계를 중국과 대등하게 나누어 가지려 했던 국가였다. 고구려가 독자적인 연호를 정하여 쓰고 광개토대왕이 중국의 '황제'가 아닌 '태왕太王'이라는 호칭을 사용했던 것은 중국과 대등한 관계에 있다는 의식을 가졌기 때문이다.

고구려는 4세기 초 미천왕 대에 이미 낙랑 등 중국의 군현을 병합하거나 북쪽으로 축출하였고, 당시 요동을 차지했던 선비족과 세력을 겨룰 정도로 국력이 크게 성장하여 있었다. 18대 고국양왕 대에는 선비족이 세운 후연後燕을 공격하여 요동군과 제3현도군을 차지하였고, 그 아들 광개토대왕 대에는 백제를 굴복시키고 신라에 침입한 왜倭의 세력을 격퇴했다. 또한 태왕은 후연을 공격하여 요동성과 요하 동쪽 지역을 모두 차지했으며 거란, 숙신, 동부여까지 복속시켜 고구려의 영역을 크게 확장했다.

요동 지역은 역사적으로 동북아시아의 최대 요충지라고 할 수 있었는데, 이 지역을 차지함으로써 고구려는 사실상 동북아시아의 패자霸者로 부상하게 되었다. 장수왕 대에는 분열되어 있던 5호16국이 선비족의 북위北魏에 의해 통일되어 위세를 떨쳤는데, 장수왕은 과거 북위와 대립한 북연의 왕 풍홍의 망명을 받아주었을 뿐만 아니라 북위와 전쟁의 위험에도 불구하고 풍홍을 송환하라는 북위의 요청을 거부하였으며, 북위와 적대관계였던 유연柔然과 관계를 맺어 북위를 위협하기까지 했다.

장수왕릉에서 바라본 국내성

　한편 고구려에 망명해 있던 풍홍이 장수왕의 통제에 불만을 품고
남조의 유송劉宋으로 다시 망명하려 하자, 장수왕은 군사를 보내 풍홍
을 죽이라는 지시를 내린다. 그러자 유송의 사신이 군사를 이끌고 와
풍홍을 보호하려 하였는데, 이들이 고구려군과 싸우던 끝에 풍홍과 고
구려 장수가 전사하자 장수왕은 즉시 군사를 보내 유송의 사신을 사
로잡아 본국으로 압송하였다. 이때 유송은 고구려와 적대시할 수 없다
고 판단하고 고구려에 의해 압송되어 돌아온 자국의 사신을 감옥에 가
뒀다가 고구려의 눈을 피해 석방하였다. 이런 정황으로 미루어보았을
때 당시 고구려의 국제적 위상은 사실상 남북조의 양대 통일왕조를 능
가하고 있었던 것으로 보인다.[1]

　고구려의 국력이 이렇게 강대했기 때문에, 중국의 남북조를 통일한

고구려의 중장기병과 경기병(안악3호분 벽화)

수隋는 고구려와 승부를 내지 않을 수 없는 형편에 처해 있었다. 만약 고구려와 싸워 승리하지 못한다면 이제 영원히 고구려와 천하를 나누어 가질 수밖에 없고 경우에 따라 (북위와 유송처럼) 고구려의 눈치를 보아야 할 수도 있기 때문이었다. 수는 고구려와 수차례에 걸쳐 전쟁을 벌였지만 결국 고구려에게 패배하고 말았다. 역사상 유례없는 대규모 군사를 동원한 전쟁에서 패함으로써 혼란에 빠진 수는 남북조를 통일한 위대한 업적에도 불구하고 2대 38년 만에 멸망했다.

　수의 뒤를 이은 당唐 역시 고구려를 공격했다. 중국의 통일제국으로서 천하를 다스리기 위해서는 고구려라는 강력한 위협을 제거하지 않

1　한국민족문화대백과-광개토대왕, 장수왕, 우리역사넷-장수왕 부분을 참고로
　하여 작성함.

을 수 없었던 것이다. 그러나 중국 역사상 가장 위대한 황제로 꼽히는 당 태종마저도 고구려의 안시성을 넘지는 못했다. 고구려의 성城은 난공불락이라는 말이 꼭 들어맞을 정도로 견고했고, 그 성을 지키는 군민軍民들의 전투력은 그보다 더욱 강고强固했다. 고구려를 무너뜨리는 일은 후일 신라의 도움을 받아서야 비로소 가능해졌다.

백제는 한강 유역에 자리 잡아 일찍부터 중국, 일본 등과 교류하며 발전을 이루었다. 율령의 반포와 관직 제도의 정비도 삼국 중에서 가장 빨랐다. 근초고왕 대에는 태자 근구수가 평양성을 공격하여 고구려의 고국원왕을 전사시킬 정도로 4세기 백제의 국력은 막강했다. 중국의 남조계 사서史書들은 대부분 백제가 한때 중국의 요서 지방을 점령했다고 전하고 있다.[2] 중국 남조의 왕조에서 있지도 않았던 사실을 백제

---

2 서의식, 『뿌리깊은 한국사 샘이 깊은 이야기』 1권, 가람기획, 2015, pp. 420~
   421. 백제의 요서 진출설에 대해서는 부정론도 있다. 부정설은 백제가 요서 지
   방을 영유했다는 시기에 요서는 모용씨가 차지하고 있었다는 점과 당시 중국
   과 백제와의 거리가 너무 멀다는 점, 그리고 북조계 사서에 이러한 기록이 전
   혀 없다는 것과 '양직공도(梁職工圖)'에 낙랑이 요서 진평현을 차지했다는 기
   록이 있다는 것 등을 근거로 삼는다. 그러나 당시 모용씨가 요서 지역 전체를
   줄곧 통치하고 있었다는 사실은 확인하기 어렵고, 거리가 멀어 원정이 어려웠
   을 것이라는 추측은 남조계 사서의 기록을 뒤집을 정도로 타당한 이유가 될
   수 없으며, 북조계 사서에서는 (백제의 요서 통치가 오랫동안 지속된 것이 아
   니라면) 자신들의 영토 상실에 대한 기록을 굳이 남기지 않았을 가능성이 크
   고, '낙랑'은 특정한 영역에 자리 잡은 정치세력을 가리키는 고유명사로 보기
   에는 이곳저곳에서 나오고 있어 세력이 크고 발전된 정치체 등을 가리키는 보
   통명사일 가능성도 있어 보인다. 따라서 이런 것들이 백제의 요서진출에 대한
   남조계 사서들의 기록을 완전히 부정할 만한 근거는 되지 않는다고 생각된
   다. 또한 『삼국사기』에 백제의 요서 진출 관련 기록이 없는 것은 고려 초에 편
   찬된 『구삼국사』에 그러한 기록이 남아있지 않기 때문일 수 있고, 『구삼국사』
   가 통일신라에서 편찬된 역사서를 참고로 하여 편찬된 것이라면 통일신라의
   입장에서 굳이 백제의 요서 진출 기록을 남겨둘 이유는 없었을 것이기 때문에,
   『삼국사기』에 기록이 없다는 이유로 백제의 요서 진출 사실 자체를 부정하는

칠지도

를 위해 꾸며낼 이유가 없기 때문에, 백제의 요서 경략은-비록 오랫동안 지속되지 않았다고 해도-사실일 가능성이 높아 보인다.

백제 근초고왕 대에는 일본에 칠지도를 하사했는데, 칠지도에 새겨진 문장에서 일본왕을 왜왕倭王 혹은 후왕侯王(제후로 삼은 왕)이라 칭했고, '기생성음奇生聖音(특별히 성스러운 말씀을 내셨음, 또는 백제 왕자에 대한 높임말)' 등의 표현을 사용한 것으로 보아, 당시 백제가 일본을 제후국으로 대하고 있었음을 알 수 있다.[3] 같은 시기에 일본으로 건너간 아직기와 왕인은 일본 태자의 스승이 되기도 하였는데, 일본 사람이 백제에 와서 태자의 스승이 된 사례는 없는 것으로 보아 백제의 학문적 수준이 일본에 비해 훨씬 더 높았을 것으로 추정된다.

무령왕이 일본 왕에게 보낸 거울에 새겨진 글에 동성왕 때 일본이 백제에게 상등 품질의 동銅 200관을 요청하였다는 기록이 있고, 무령왕릉에서 출토된 무령왕과 왕비의 관棺에 일본의 최고급 목재인 금송金松이 사용된 것도, 당시 백제와 일본의 관계를 추측하는 데 도움을 준다.[4]

부여는 쑹화 강 상류의 넓은 평야지대에서 성장하였다. 중국 사료에 부여가 '동이東夷의 영역에서 가장 평탄한 곳에 자리 잡았다'라고 했으니 당시 중국인들은 부여를 동이의 여러 나라 중 하

것은 지나친 일이라고 생각된다.

3 강종훈, 『사료로 본 한국고대사』, 지성과 인성, 2020.

4 서의식, 같은 책, pp. 378~384.

나로 인식했음을 알 수 있다. 부여는 5곡이 자라기에 좋은 토질을 가져서 농경이 발달할 수 있었으므로 사람들이 정주定住 생활을 하였고 일찍부터 '왕王'이라는 칭호를 사용하는 등 정치체제가 잘 갖추어져 있었다.

부여는 서쪽으로는 선비족에 맞설 정도로 국력이 강대했고, 고구려와 백제의 정치세력들이 모두 부여의 한 갈래임을 자처했을 정도로 문화가 크게 발달한 국가였다. 『삼국유사』에서 동명제가 북부여를 계승하여 졸본주에 도읍하고 '졸본부여'라 한 것이 고구려의 시조라 하였고, 백제 역시 왕족의 성씨를 '부여씨'라 하고 성왕이 국호를 '남부여'로 바꾼 것에서, 그 근원을 부여에 두고자 하였음을 알 수 있다.

부여는 중국과의 관계가 좋아 중국에서는 부여인들에 대해 '체격이 크고 성질은 굳세고 용감하며, 근엄, 후덕하여 다른 나라를 쳐들어가거나 노략질하지 않는다'고 평가하였고, '사출도'라고 불리는 영역을 통치하는 우두머리(가加) 중에는 수천 가家를 다스릴 정도로 세력이 큰 경우도 있었다. 부여에서는 흰색을 숭상하며 흰 베로 만든 넓은 소매의 도포와 바지를 입었고 가죽신을 신었다. 외국에 갈 때는 비단옷과 수놓은 옷, 모직 옷을 즐겨 입고 겉옷은 여우나 담비 가죽으로 만든 옷을 입었으며 금, 은으로 모자를 장식했다. 부여사람들은 예의가 발라서 통역인이 이야기를 전할 때는 꿇어앉아 손으로 땅을 짚고 조용히 이야기하였고, 사람의 생명을 중시하여 사람을 죽이면 사형에 처하고 그 집안 사람들을 노비로 삼는 등 엄히 처벌했다.[5]

부여의 옛날 풍속에는 흉년이 계속해서 들면 그 허물을 왕에게 돌

---

5 『삼국지』 권30, 위서30, 동이전, 부여.

부여의 청동검

리는 경우도 있었으나 점차 왕이 5부를 통할하게 되면서 중요한 일은 왕이 여러 가加와 의논하여 결정하게 되었다. 부여는 3~4세기에 선비족의 침략으로 위기를 맞게 되면서 쇠퇴하였는데, 이후 고구려에 사실상 복속되어 있다가 5세기 말 고구려에 의해 완전히 병합되었다.

7세기 신라는 절체절명의 위기에 처해 있었다. 성왕의 복수를 위해 힘을 키운 백제가 국경을 침입해 대야성이 함락되었고 고구려에서는 연개소문이 정변을 일으켜 정권을 장악했다. 이대로 있다가 백제와 연개소문이 힘을 합치게 되면 신라가 망하는 건 시간문제라고 할 수 있었다. 신라의 김춘추는 위험을 무릅쓰고 당에 건너가 대동강을 경계로 영토를 나누기로 밀약을 맺었고, 이후 나·당 연합군은 백제와 고구려를 순차적으로 공격하여 마침내 통일을 완수하였다.

그런데 막상 통일이 되고나니 당은 약속을 어기고 백제 영토에 웅진도독부를 설치하고 신라에 계림도독

부를 설치하려고 했다. 한반도 전체를 차지하겠다는 뜻이었다. 이쯤 되면 신라도 가만히 있을 수는 없었다. 군사력의 차이가 아무리 크다고 해도 한번 싸워보지도 않고 국토를 내줄 수는 없는 일이었다. 더구나 당은 북쪽의 토번도 경계해야 하는 상황이기도 했고, 만약 배를 타고 싸우게 되면 신라가 꼭 불리한 것도 아니었다.

신라는 애초에 약속한 대동강에서 영토를 한 치도 줄일 생각이 없었다. 고구려의 유민들도 적극적으로 신라를 도왔다. 비록 신라에 의해 고구려가 멸망했지만 그렇다고 해서 당에게 한반도를 모두 빼앗기게 놔둘 수는 없다고 생각했던 것이다. 한강 하류의 천성 전투에서 설인귀가 신라군에게 패하고, 신라군이 매소성에 있던 당의 이근행의 군사를 격파하면서 전세는 신라 쪽으로 기울었다. 기벌포 전투에서는 당의 사령관 설인귀가 총력전을 펼쳤음에도 불구하고 신라에 패함으로써 전쟁은 결국 신라의 승리로 끝났다. 중국의 통일제국인 당이 신라라는 작은 나라에게 패한 것이다.

당에게 승리한 뒤 신라는 넓어진 영토와 백성들을 통치하기 위한 대대적인 제도의 정비작업에 착수했다. 이 작업은 문무왕의 뒤를 이어 즉위한 신문왕 대에 완성되었는데, 신문왕은 친당세력을 숙청하여 왕권을 강화하고 귀족들의 경제적 기반이었던 녹읍을 폐지했으며 전국의 행정구역을 9주5소경으로 정비하였다. 신라는 국토를 재편하면서 고구려의 옛 영토와 백제의 옛 영토, 그리고 신라의 영토에 각각 3개 주州를 배치하여 삼국통일의 의미를 확고히 하였고, 고구려와 백제의 유민들을 포용하는 정책으로 집권체제를 효율적으로 정비해 나갔다.

신라 하대는 혜공왕이 피살된 후 김지정의 난을 진압하고 실력으로

기벌포전투의 무대였던 오늘날 금강 하구

왕위에 오른 선덕왕에 의해 시작되었다. 혜공왕의 사망으로 무열계 혈통이 끊어지면서 다시 진골 간의 실력대결로 왕좌의 주인을 가릴 수 있는 분위기가 만들어진 것이다. 강력한 왕권에 의해 억눌려 있던 신라 사회는 다시 변화할 수 있는 동력을 얻었고, 도당유학생 출신이 관직에 등용되는 일도 많아졌다.

원성왕은 독서삼품과[6]를 설치하여 실력에 의한 인재 등용을 꾀하였으며 흥덕왕은 장보고를 청해진 '대사大使'로 임명하여 해적을 소탕하게 하고 동아시아 국제 무역을 주도하게 하였다. '대사'라는 직함은 신라 조정에서 장보고를 위해 특별한 만들어준 것인데, 그에게 특수한 임

---

6 독서삼품과에 대해서는 국학의 졸업시험의 성격을 가졌다고 보는 것이 다수
   설이나 확실하게는 알 수 없다.

무를 부여하는 대가로서 당시 골품의 한계를 뛰어 넘는 높은 지위를 인정한 것으로 보인다.

또, 헌강왕은 국학을 진흥시키고 6두품을 정치에 적극적으로 등용하였으며 불교를 진흥하고 신흥의 반란을 진압하는 등 왕권을 강화하였다. 헌강왕이 880년에 월상루에 올라 경주의 사방을 둘러보았을 때 '백성들의 집이 기와로 지붕을 얹고 장작이 아닌 숯을 때어 밥을 짓는 모습'을 보았다고 하니,[7] 당시 신라가 어느 정도로 풍요로웠는지 알 수 있다.

그러나 51대 진성여왕 이후 지방에서 세금이 들어오지 않자 독촉하는 일이 많아지고 각지에서

완도 청해진공원의 장보고 동상

농민반란이 일어나면서, 지방 호족 세력과 6두품 계층의 주도로 새로운 사회를 향해 나아가게 되었다.

1224년 고려에 사신으로 온 저고여는 상식적으로 이해하기 어려운 인물이었다. 고려에서 받은 공물이 마음에 들지 않는다며 고려 황제 앞

7   한국민족문화대백과사전-헌강왕.

에서 횡포를 부리는가 하면, 과도한 접대를 요구하여 고려 조정을 괴롭혔다. 이처럼 무례한 언동을 보이며 고려인들의 눈살을 찌푸리게 했던 저고여는 본국으로 돌아가는 길에 압록 강변에서 돌연 피살당함으로써 고려에 더 무한한 피해를 입히게 된다.

저고여를 살해한 주체가 누구인지는 아직까지도 알 수 없다. 고려 조정에서는 당시 고려와 몽골의 관계가 악화되기를 바라는 금金이나 동진국東眞國의 소행일 것이라고 주장했지만, 몽골은 고려를 침략하기 위한 빌미를 얻기 위해 저고여를 죽인 자들이 고려의 복장을 하고 있었다고 하며 고려의 소행으로 몰아갔다.

고려 고종 18년인 1231년, 몽골은 살례탑(=살리타이)을 총사령관으로 삼아 고려를 공격하기 시작했다. 그러나 고려 군사들의 전투 능력은 몽골군이 상상했던 것 이상이었다. 각종 무기를 동원했지만 몽골군은 박서가 지키는 귀주성을 끝내 함락시키지 못하였고 공격을 가하던 몽골군마저 고려 군사들의 용맹에 감탄하는 상황이 벌어졌다. 또 자주성(지금의 평남 순천)에서도 최춘명이 몽골의 포위공격을 잘 막아내어 전과를 올렸다. 그러자 살례탑은 고려 국경 지역의 성을 무너뜨리는 것을 포기하고 개경으로 바로 침입하는 전략을 구사하였다. 고려 조정은 전면전은 피하는 것이 좋겠다는 판단 하에 공물을 내주며 몽골에게 강화講和를 제안했는데, 몽골 역시 귀주성을 함락시키지 못하고 진군했던 터라 후방에 대한 불안감이 있어서 일종의 감독관 역할을 하는 다루가치 72명을 개경과 평안도 일대에 남겨두고 물러갔다.

그러나 몽골이 계속해서 무리한 공물을 요구해 오자, 당시 집권자였던 최우는 달라는 대로 다 주다가는 정권도 국가도 유지되기 어려울 것으로 판단하여 몽골과 싸울 것을 결정하고 개경 주민들을 이끌고

용인 처인성

강화도로 전격 천도하였다. 육지에 남아 있는 백성들에 대해서는 산성과 섬으로 들어가 방비하도록 조처했다.

고려가 이처럼 항전 의지를 분명히 하자 몽골은 살례탑을 보내 다시 침략을 개시하였다. 경상도까지 내려와 초조대장경을 불태우는 등 만행을 저지르던 살례탑의 군대는 처인성(용인)에서 그곳을 지키던 승려 김윤후가 이끄던 관민들이 쏜 화살에 총사령관인 살례탑이 전사함으로써 전쟁을 계속하지 못하고 서둘러 철수하였다.

이후 몽골의 침입은 더욱 무도해져 강도江都(강화도를 수도로 하였을 당시 부르던 명칭) 정부와 교섭을 벌이지도 않고 무조건 전국을 닥치는 대로 공격하였다. 그러나 고려의 군민들은 힘을 합쳐 싸워 온수군(온양)과 죽주(죽산) 등에서 적을 격퇴하였고, 고려 조정은 광주와 남경의 주민을 강도로 들어오게 한 뒤 연해에 둑을 쌓아 방어를 강화하였다.

이때 최우는 불타버린 초조대장경 대신 새로운 대장경 조판에 착수하는데, 이는 사원 세력을 결집하고 민심을 단합하게 함으로써 승리의 발판을 다지고자 한 것이었다. 전쟁이 장기화되자 불안해진 몽골은 고려의 철군 요청에 응하면서 고려 국왕의 친조親朝(고려 국왕이 몽골 조정에 직접 가는 것)를 요구하였는데, 고려는 응하지 않고 왕족을 보내는 정도에 그쳤다.

전쟁은 몽골의 대칸이 사망하면서 잠시 소강상태를 보이기도 했으나 새로운 칸이 즉위하여 다시 고려 국왕의 친조와 개경 환도(수도로 다시 돌아감)를 요구하자, 당시 집권자인 최항은 이에 강경하게 대응했다. 몽골의 대대적인 침략이 또 다시 시작되고 파상적인 공세에 전국이 유린되었지만 김윤후가 지휘한 충주성의 군민들은 재차 승리를 거두어 고려인들의 용기를 북돋았다.

장기화된 전란으로 고려 고종은 백성들의 고통을 더는 두고 볼 수 없다고 판단하여 강도에서 나와 승천부에서 몽골의 사자를 접견하였고, 둘째 아들 창을 몽골에 보내 입조하게 하였다. 하지만 몽골은 집권자인 최항이 나오지 않은 것을 빌미로 또 다시 침입하여 무차별 살육을 자행하였고 고려 정부는 이에 강경하게 맞서며 몽골의 요구에 응하지 않았다.

그런데 고려 내부의 정치 상황이 급변하면서 고려 정부의 대응도 달라지기 시작했다. 60여 년간 계속되었던 최씨 무신정권이 몰락하자 고려 고종은 어떻게든 백성들의 고통을 끝내야겠다고 결심하고 몽골과의 화의에 적극적인 태도를 보였다. 마침내 1259년 고종이 개경으로 환도할 것을 결정하고 태자(후일 원종)가 몽골로 출발하면서 29년 간의 기나긴 무력충돌은 마침내 종결되었다.

이렇게 오랜 기간의 전화戰禍 속에서 고려인들이 보여준 저력은 실로 놀라운 것이었다. 조정이 강화도로 옮겨갔음에도 불구하고 육지에 남은 백성들이 관군과 적극 협력하여 국토를 수호하기 위해 나섰고, 고려 조정을 괴롭혀 왔던 초적(도적)의 무리조차도 몽골과의 전쟁에 적극 참여해 전과를 올리기도 하였다.

당시 세계대제국을 건설한 칭기즈칸이 길러낸 군대를 맞아 이렇게 치열한 전쟁을 30년 가까이 치르면서도 항복하지 않은 나라가 또 있었을까? 고려 군민들이 이처럼 장기간에 걸쳐 합심하여 싸운 덕분에 몽골도 고려를 다시 볼 수밖에 없었다. 후일 몽골의 세조世祖가 되는 쿠빌라이는 당시 입조하러 오고 있던 고려의 태자가 대칸의 자리를 두고 다투고 있던 자신의 동생을 찾아가지 않고 자신에게 와 준 것에 크게 감격했고, 천명天命이 자신에게 온 것으로 여겨 이를 널리 알리게 했다. 그리고 그 대가로 원종의 즉위를 지지하고 고려의 전통을 고치게 하지 않겠다(불개토풍不改土風)는 약속까지 하였다. 이는 당시 몽골이 고려를 결코 함부로 대할 수 없었음을 보여주는 사건이라고 할 수 있다.[8]

조선시대에 대해서도, 우리 교과서가 왜 그렇게 쓰여졌는지 그 배경과 내력이 궁금한 부분들이 많이 있다. 소위 '혁명'과 '역성易姓혁명'의 구분이 새삼 왜 필요하게 되었는지 하는 것과, 이황과 이이의 사상이 '주리론', '주기론'과 같이 비역사적인 용어로 불리며 성리학의 부정적 영향만 유독 부각된 이유가 무엇인지, 또 『조선왕조실록』에서 태조

---

8 '박용운, 『고려시대사』, 일지사, 2015, pp. 550~578' 내용과 우리역사넷-원종 부분을 참고로 하여 작성함.

원 세조 쿠빌라이

이후 조선왕조가 존속된 전 기간에 걸쳐 분명히 '보통명사'로 쓰이는 '훈구'와 '사림'이 어떤 까닭에서 특정 정치 세력을 가리키는 '고유명사'로 둔갑한 것인지, 왜 국왕에 의해 신하들이 탄압당한 옥사獄事 사건이 '훈구파'와 '사림파' 간의 대립으로 규정되었고, 여기에 외척 간의 대립인 '을사사화'는 왜 또 앞의 3 사건과 묶여 소위 '4대 사화'라고 불리는 것인지도 한 번쯤 따져 보아야 한다.

현종 대의 '예송禮訟'이 과연 붕당정치를 변질(?)시킨 것인지, 아니면 왕권 강화에 초석을 놓은 것인지, 숙종 대에 탕평이 실패했다고 보는 구체적인 근거는 무엇이며 '환국換局'이 반드시 부정적인 결과를 초래했다고 보아야 하는지, 그리고 영조와 정조 대의 탕평책의 '한계'로 붕당을 완전히 '소멸'시키지 않은 것을 꼽는 것이 타당한지, 조선 후기 집권에 주로 성공했던 서인-노론이 과연 대의명분만을 중시하고 현실 문제 해결을 도외시한 정파였는지, 일본이 미·일 화친조약을 맺은 원인에 대해서는 미국 페리제독의 위협에 의한 것이었음을 분명히 하면서, 침략적 의도를 가진 서양의 무력행사 등 다양한 원인이 복합적으로 작용했던 '병인양요'와 '신미양요'를 왜 마치 우리가 침략의 원인을 제공한 것처럼 단정지어 그들의 침략행위를 정당화해주고 있는 것인지, 홍선대원군이 통상수교를 거부한 것이 과연 당시 상황에서 잘못된 정책이라고 할 수 있는 것인지, 의병장의 출신 가운데 전현직 관리가 많았던 것이 왜 '한계'인지에 대해서도, 그 역사적 진실 여부를 재론해볼 필요가 있다. 아울러, 그 시기에 일어난 일이 꼭 그것만 있는 것도 아닌데, 우리가 왜 다른 사실보다 유독 그 부분만을 주목해서 보게 되었고, 교과서 설명 가운데 이해가 잘 가지 않는 대목이 많음에도 불구하고 무조건 그렇게 받아들이고 암기하게 된 까닭이 무엇인지도 따져 보아야 한다.

역사는 어떤 시각으로 어느 면을 보느냐에 따라서, 허구를 섞지 않은 역사적 사실fact만 가지고도 전혀 다른 스토리를 만들어 낼 수 있다. 그런데 지금 우리는 대체 누구의 눈으로 우리 역사를 보고 있는 걸까? 왜 우리는 우리의 눈으로 우리 역사를 보는 방법을 잊어버리게 되었을까?

혐의를 둘 만한 곳은 몇 군데 있다. 일제의 식민사관과 사회주의 국가를 건설한 북한의 역사관, 그리고 서구중심주의적 역사관에서 보았을 때, 우리의 '전근대' 시기 역사는 공격의 대상이 될 수밖에 없기 때문이다. 일제는 식민지화를 정당화할 필요가 있고, 사회주의 역사관에서는 사회주의 국가 성립 이전의 역사를 타도의 대상으로 몰아갈 수밖에 없으며, 유럽사를 세계사의 표준으로 보는 역사관에서는 '근대'이전의 역사의 가치를 높이 평가하기 곤란할 것이다. 이러한 혐의를 입증하기 위해서는, 우리가 흔히 말하는 '역사발전'의 의미는 무엇인지, 왜 그것을 '발전'이라고 여기게 되었는지부터 따져 보아야 한다. 그리고 우리는 지금까지 무엇에 기준을 두고 역사의 발전과 지체遲滯를 판단해 왔는지, 그 기준은 동·서양과 시대에 상관없이 과연 일관되게 적용되어 왔는지에 대해서도 곰곰이 생각해 볼 필요가 있다.

이뿐만이 아니다. 우리의 전통적인 역사 서술 태도인 '유교적 합리주의'와 일제강점기에 우리에게 깊은 인상을 주었던 '객관적 실증주의'가 만나 어떤 시너지를 일으켰는지에 대해서도 생각을 환기해볼 필요가 있다. 나아가 이것이 소위 '식민사관'에 본의 아니게 보탬을 주는 결과를 초래한 것은 아닌지에 대해서도 한번 즘은 고민해 보았으면 한다.

이것이 합리적인 의심인지, 근거 없는 무고誣告인지는 독자들이 판단할 문제다.

2. '근대'라는 이름의 함정

무엇을 역사의 '발전'으로 볼 것인가?

인간의 역사는 끊임없이 '발전'해 왔다. 적어도 우리는 그렇게 배워 왔다. 과거로 후퇴했다고 평가받는 시기도 더러 있을 수 있지만, '고대古代'라고 부르는 시기와 지금의 현대 사회를 총체적으로 비교해 보았을 때, 최소한 발전했다는 사실 자체는 부인하기 어려울 것 같다.

문제는 역사의 발전과 지체, 그리고 퇴행을 판단하는 기준이다. 이 기준은 단순히 과거에 대한 평가를 좌우할 뿐만 아니라, 현재 역사의 진행 방향에 대한 판단 기준을 제공해준다는 면에서 대단히 중요하다. 이 판단이 잘못될 경우 우리는 스스로 끊임없이 역사를 퇴행시키고 있으면서도 그것을 '발전'으로 착각하게 될 위험이 있기 때문이다.

상식적으로 생각해 보았을 때, 지역별로 역사는 서로 다른 모습으로 전개되어 왔기 때문에 역사의 발전에 대한 생각도 서로 많이 다를 수 있다. 자기들의 역사를 발전하지 못했다고 규정하고 이를 후손에게 전한다는 것은 여간해서는 쉽지 않은 일이기 때문이다. 혹자는 그렇게 하는 것이 우리 자신에 대한 성찰과 도약을 위한 길이라고 믿기도 하겠지만, 실제 결과가 도약인지 추락인지도 판단 기준에 따라 달라질 수 있는 일이다. 따라서 '역사의 발전 과정'은 대부분 지역에서 자기들의 역사를 기준으로 하여 설정될 가능성이 매우 크고, 그것을 비난하기 어렵다.

예를 들어 농업을 산업의 기반으로 삼아 중앙집권국가로 발전한 중국의 입장에서 세계사를 서술한다면 다음과 같이 서술될 것이다.

〈사례 1〉

중국에는 농업이 가능한 지역이 많았다. 농사를 지으려면 일정한 시기에 많은 노동력이 필요했기 때문에 많은 사람들이 함께 모여서 살았고, 정착 생활을 했다. 따라서 각자가 소유한 토지를 기준으로 조세를 징수하는 것이 용이하여 일찍부터 중앙집권적인 지배체제가 확립될 수 있었다. 기원전 1600년경 상商 왕조가 출현하였고, 이후 주周 왕조 시기에는 지방 분권적인 봉건제로 전국을 다스렸다. 주 왕조가 약화된 이후 춘추전국시대에는 여러 국가들이 서로 실력을 겨루는 과정에서 철기의 사용이 본격화되었고 제자백가가 출현하는 등 중국이 크게 발전하였다. 기원전 221년 분열된 중국을 통일한 진秦은 도량형과 화폐를 통일하고 군현제를 실시하는 등 중앙집권체제를 확립하였고, 진의 멸망 이후 등장한 한漢 역시 흉노와 대항하며 강력한 통일제국으로 발전하였다.

반면 중국 북쪽 지역은 춥고 건조해서 농사를 짓기에 적합하지 않았다. 따라서 주로 가축을 키워 생활해야 했으므로 사람들이 서로 멀리 떨어져 살았고 이동 생활을 해야 했다. 이런 사정으로 인해 중앙집권국가가 출현하기 어려워서 군사적 목적과 행정적 목적을 동시에 달성할 수 있도록 주민을 편성하는 제도가 발달했다. 이런 지역에 사는 사람들은 생활환경으로 인해 기마술에 능해 뛰어난 전투 능력을 소유했고, 주변의 농업 국가와 충돌하면서 국가가 발전해 나갔다.

한편, 유럽 남부 지역은 기온은 온화했지만 건조하고 산이 많아 작은 단위의 '폴리스'라는 정치체가 출현하였다. 이에 따라 소규모의 국지적인 권력 집단이 난립하는 상태가 오랫동안 지속되었는데, 폴리스들 간의 경쟁은 그들 상호 간의 교류에 장애를 발생시켰고 정치적 통합과 발전을 어렵게 만들었다. 그들은 스스로를 '헬레네스'라고 부르고 '올림피아'라고 불리는 제전을 치르며 동질의식을 키우고자 노력했지만, 페르시아와의 큰 전쟁을 거치면서도 일시적인 군사동맹을 맺는 데 성공했을 뿐 곧 다시 분열되어 서로 패권을 다투는 상태가 계속되었다.

반대로, 정치적 통일을 이루지는 못했지만 상공업과 문화가 발전했던 지역의 입장에서 세계사를 서술한다면 이런 서술도 가능하다.

그리스는 산지가 많고 토질이 농사에 적합하지 않아 오랫동안 통일 국가를 이루지는 못하였다. 그리스인들은 외부와의 접촉에 유리한 해안가 평야 지대를 중심으로 촌락을 형성하였고, 높은 언덕에 성을 쌓아 외적의 침략을 막았는데, 이것이 '폴리스'라는 도시국가로 발전하였다. 폴리스의 중심에는 종교 모임과 군사적 중심지인 아크로폴리스가 있었고, 그 아래에는 상거래와 공공 생활의 중심인 아고라(광장)가 있었다.

폴리스는 정치적으로 독립되어 있었지만, 그리스인들은 같은 언어를 사용하고 같은 신을 믿으며 강한 동족의식이 있었다. 이들은 스스로 '헬레네스'라고 부르며 다른 민족과 자신들을 구별하였고, 4년마다 개최된 올림피아 제전을 통해 민족의 결속을 다졌다. … 기원전 5세기 초 페르시아와의 전쟁에서 그리스 세계는 아테네와 스파르타를 중심으로 단결하여 막강한 페르시아군을 물리쳤다. 전쟁에서 승리한 아테네는 델로스 동맹의 맹주가 되어 강력한 해상제국으로 발전하였다. 또한, 대내적으로는 민주정치가 전성기를 맞이했다. 그리하여 이 시기 아테네는 지중해 무역의 중심으로 상공업이 크게 발전하였고, 문화의 전성기를 누렸다.

---

9 김형종 외, 금성출판사 고등학교 『세계사』 교과서, 2014를 참고로 하여 작성하였음.

중국에서 실재한 것으로 확인된 최초의 왕조는 상商으로, 기원전 1600년경 도시국가 연맹에서 시작하였다. 상은 중요한 일을 신의 뜻을 묻는 점을 쳐서 결정하는 신권정치를 펼쳤다. 태음력을 사용했으며 왕이 죽었을 때 많은 사람을 산 채로 함께 묻는 순장의 풍습이 있었다.

기원전 11세기경에는 주周가 일어나 화북을 지배하였다. 주 왕은 수도 부근 직할지를 제외하고 나머지 영토를 일가 친족과 공신들에게 나누어주는 봉건제를 실시하였다. 이는 친족 사이의 규범인 종법과 예법이 적용된 것이었다.

기원전 8세기경에는 내란으로 왕실이 약해지고 견융족의 침입으로 춘추·전국 시대가 열렸다. 그리고 전국戰國시대에는 전국 7웅이 약소 제후국들을 병합하면서 약육강식의 치열한 경쟁을 벌였다. 이 과정에서 도시국가는 영토국가로 통합되었고 봉건제는 군현제로 바뀌어 갔다. 기원전 4세기경 진秦에서는 상앙이 법가法家에 바탕을 둔 개혁에 성공하면서 부국강병을 이루었고 마침내 기원전 221년 진이 중국을 최초로 통일했다. 진왕 정은 스스로 시황제라 칭하며 군현제를 실시하여 중앙집권체제를 확립했고, 분서갱유焚書坑儒(경전을 불태우고 선비들을 산 채로 묻어서 죽임)를 통해 반대 세력을 억눌렀다. 그러나 진의 가혹한 통치와 대규모 토목 공사는 농민들의 반발을 사서 결국 진시황제 사후 각지에서 반란이 일어나 멸망하였다.

위의 〈사례 1, 2〉는 중·고등학교에서 사용되는 『세계사』교과서 내용을 참고로 하여 임의로 작성하여 본 것이다.

언뜻 보면 유럽과 중국 지역의 역사 전개 과정을 비교한 것 같지만 사실 비교라고 말하긴 어렵다. 비교란 공통점과 차이점을 설명해야 하는 것인데, 위의 사례들은 대부분 차이점만 이야기했다. 둘 다 모두 차이점에 대해 서술했지만 〈사례 1〉은 어쩐지 중앙집권국가가 성립한 것이 역사의 발전같이 느껴지고, 〈사례 2〉는 국가의 성립 여부와는 관계없이 상공업과 문화가 발전한 것이 더 발전된 역사인 것처럼 느껴진다.

어쩌면 역사는 처음부터 비교의 대상이 아니었을 수 있다. 서로 다른 환경에 있는 지역의 역사가 서로 다른 모습으로 발전해 가는 것은 당연한 일이고, 이를 단일한 기준으로 평가하여 우열을 가르는 것은 불필요할 뿐만 아니라 부적절한 일이 될 수도 있다. 놀라운 사실은 그 불필요하고 부적절한 일이 지금까지 일어나 왔고, 지금도 계속 일어나고 있다는 것이다. 많은 사람들은 지금도 유럽의 '근대近代'를 가장 발전된 역사라고 여기고, 역사는 마땅히 유럽에서 나타났던 '근대'를 향해 발전해 가야만 하는 것으로 믿고 있다.

유럽사의 전개 과정이 역사 발전의 보편적 표준으로서 세계사의 정점에 위치하고 있다는 것은 더 이상 새로운 이야기가 아니다. 그래서 소위 '서구중심주의'에 대한 비판도 많이 있어 왔고 그 극복을 위한 연구도 상당히 진전되었다. 문제는 그 비판과 극복을 위한 노력의 대상은 '세계사'일 뿐, '한국사'가 아니라는 점이다.

유럽인들이 자신들의 역사를 스스로의 기준에서 바라보는 것은 어쩌면 당연한 일이고, 우리가 탓할 일은 아니다. 역사 연구의 수준에 있어서도 유럽의 역사는 그들 자신이 가장 깊이 있게 연구하였을 것이다. 문제는 유럽의, 유럽에 의한, 유럽을 위한 역사 발전의 시각과 기준들이 세계사 발전의 보편적 표준이 되어, 우리의 역사에도 (무의식적으로) 적용되고 있다는 사실이다.

왜 '근대'가 기준인가?

우리는 언제부터인지 우리의 역사를 '전근대사'와 '근현대사'로 나누는 일에 익숙해져 있다. 단순히 익숙해져 있는 정도가 아니라, '근대'의 시작 시점을 기준으로 우리 역사를 양분하는 것은 마치 태초부터 정해져 있는 '절대 원칙'인 것 같다. 중학교와 고등학교에서 학생들이 배우는 시기를 달리하자는 주장이 처음 나왔을 때부터 지금까지, 논의의 대상이 된 것은 오직 '전근대사'와 '근현대사'의 비중뿐이었다. 고대사의 비중도, 고려시대나 조선시대의 비중도 아닌, 오직 전근대사와 근현대사의 비중인 것이다. 이 이야기는 즉, '근대' 이전에 일어난 역사의 변화나 발전은, '근대'가 시작된 것에 비해서는 중요하지 않다는 뜻이다. '전근대' 시기의 역사는 하나로 묶어서 취급해도 될 정도로 동질성이 있지만, '근대' 이후의 역사는 그 이전의 역사와 절대 섞일 수 없다는 뜻이니 말이다.

고조선 등등은 다 제외하고 삼국의 건국부터만 따져도 2000년이 훌쩍 넘는 것이 우리 역사의 시간인데, 이렇게 긴 시간의 역사를 근대가 시작되는 시점(1876년 개항)을 기준으로 둘로 나누어서 그 비중을 논하는 것은 상식적으로 도저히 이해하기 어려운 일이다. 그런데 그렇게 오랫동안 '한국사' 교과서의 시대별 비중을 놓고 논쟁이 있어 왔음에도 불구하고, 놀랍게도 우리 역사를 양분하는 기준이 왜 개항(1876년)을 전후한 시기인 '근대'의 시작 시점으로 설정되었는지에 대해서는 아직까지 한 번도 의문이 제기된 적이 없다. 이유가 무엇일까?

어쩌면 '근대'로의 진입이 인류 역사에서 일어난 가장 중요한 변화라는 사실은 너무나 당연한 '진리'라서, 아무도 감히 '다른 시기'를 기준으로 역사를 나누어 볼 생각조차 떠올릴 수 없었던 것인지도 모르겠다. 그런데 '근대'는 언제부터, 왜 이렇게 중요한 시기가 되었으며, 도대체 어떤 시대를 말하는 것일까?

'근대'라는 용어는 본래 유럽사의 전개 과정에서 일련의 커다란 변화가 일어난 시기를 가리키는 말이다. 유럽에서는 전통적으로 역사를 고대, 중세, 근대로 나누어서 보는 3분법이 있어 왔다. 3분법은 소위 '르네상스'라고 불리는 시기를 만든 휴머니스트들이 이 새로운 문화의 시기를 문화적 암흑기였던 중세와 단절시키고 찬란했던 고대 그리스 시기와 연결시키고자 만든 시대 구분법이었다.

유럽에서 시대구분에 대한 3분법이 정착된 것은 17세기에 한 역사교사가 교과서에서 역사를 이렇게 분할하여 가르치기 시작하면서부터라고 한다. 그러나 당시에는 역사를 이렇게 고대, 중세, 근대로 나누어서 보는 것은 유럽지역사를 대상으로 하였을 뿐이었고, 다른 지역으로 이러한 시각이 확산된 것은 아니었다.[10]

문제는 18세기 후반 영국에서 시작된 공장제 기계공업에 의한 생산방식이 유럽대륙으로 전파되던 즈음에 나타났다. 지금은 '산업혁명'이라고 불리는 이 경제사적 현상은 유럽에 대단히 이익이 되는 방향의 변화를 가져왔다. 1800년에 약 2억이던 유럽 인구는 산업혁명이 진행되

---

10 차하순 외, 『한국사 시대구분론』, 소화, 2000, pp. 40~44.

산업혁명의 거점이었던 영국 맨체스터 시

는 100년간 약 2배로 증가했고, 90만 정도였던 런던의 인구는 대여섯 배가 늘었다.[11]

산업혁명의 확산으로 생산력이 비약적으로 증가하게 된 유럽은 그렇게 늘어난 생산량을 계속해서 유지하기 위해 값싼 원료의 공급지를 찾아야 했고, 아울러 생산된 물건을 소비해줄 시장과 잉여 자본의 투자처도 필요해졌다. 소위 '제국주의'라고 불리는 식민지 쟁탈전의 막이 오르게 된 것이다.

제국주의라는 함선에 올라탄 '근대'는 정박한 모든 곳에 무기를 가지고 상륙해서 그 지역을 순식간에 '전前근대' 국가로 만들어버렸다. '근대'라는 유럽산 발명품은 순식간에 세계 각지에 보급되었고, 제국주

11　이영효 편저, 『사료로 읽는 서양사』 4권, 책과함께, p. 319.

의의 침략에 '문명의 전파'라는 면죄부까지 쥐어주었다. 그리고 유럽은 이 거대한 '성공'의 이유를 되도록 합리적으로 설명할 필요가 발생했다.

결과가 성공이 되기 위해서는 그 과정 역시 성공적이지 않으면 안 되었다. 이제 유럽사의 전개 과정은 그 시작부터 '발전'이어야만 하게 되었고, 그 발전은 나쁜 방법으로 획득된 것이어서는 곤란했다. 유럽사의 전개 과정이 통째로 세계사의 보편적인 발전 과정으로 격상된 데에는 이러한 배경이 숨어 있었다.

유럽인들은 산업혁명이 일어나게 된 배경을 16세기 중엽 코페르니쿠스로부터 시작된 이른바 '과학혁명'에서 찾는 것이 적절하다고 생각했던 것 같다. 기독교적 세계관에 반기를 들며 시작한 자연과학 분야의 다양한 발견들은 17세기 후반 뉴턴에 의해 더욱 고무되었고, 그 동안 유럽인들을 억눌러왔던 비이성적이고 비과학적인 논리에 대한 저항과 맞물려 '이성과 합리'에 대한 맹신과 숭배를 낳았다. 이른바 '계몽사상'이 탄생한 것이다.

계몽사상의 확산으로 이성에 의한 진보는 유럽에서만 가능하다는 (어찌 보면 매우 비이성적인) 신념을 품게 된 유럽인들은 세계를 문화의 발전 단계로 구분하고 유럽을 그 최고의 단계인 '문명' 상태로 규정했다. 그리고 비유럽 지역에 대해서는 이성과 합리에 의한 진보가 이루어지지 않은 '야만'의 세계로 규정했는데, 비유럽 세계에 대한 유럽의 우월성을 증명해준 사건이 프랑스혁명과 산업혁명이라고 생각했다.[12]

본래 새로운 문화의 시대(르네상스)를 지칭하기 위한 용어였던 '근대'가 18세기에 들어와 시민사회와 자본주의적 산업사회로 특징 지어

---

12 강철구, 『우리눈으로 본 세계사』, 용의 숲, 2009, pp. 27~29.

진 것은 바로 이러한 배경에서였다. 유럽의 우월성은 19세기 제국주의의 팽창에 의해 더욱 확실한 사실로 굳어졌고, 역사가들의 관심은 유럽이 이러한 성공을 이루게 된 원인을 규명하는 작업에 집중되었다.

　그런데 19세기 유럽인들 가운데 그들이 거둔 성공의 원인을 모르는 사람이 과연 있었을까? 15세기 말 이슬람 세계를 거치지 않고 인도에 도달할 수 있는 항로를 발견한 바스코 다 가마가 인도에서 싣고 온 동방 물산은 당시에 이미 60배의 이익을 남겼다. 그리고 16세기 초 아즈텍 제국을 멸망시킨 코르테스의 비서 프란시스코 고마라는 아메리카를 발견한 일을 두고 '창세기 이후 일어난 일 가운데 예수 탄생 외에 가장 좋은 일'이라고 말했다고 한다. 유럽인들은 그들의 배가 아메리카에 도달했던 순간부터 그곳의 귀금속이 유럽에 가져다줄 '성공'에 대해 이미 확신하고 있었다.[13] 18세기 경제학자 애덤 스미스도 아메리카의 발견과 동인도 항로의 발견을 인류사에 기록될 가장 위대하고 중요한 일로 평가했다. 결국 유럽인들은 15세기 말 자신들에게 일어났던 '좋은 일'이 나중에 '더 좋은 일' 즉, '산업혁명'의 토대가 되었다는 사실을 이미 잘 알고 있었던 것이다.

　하지만 '근대'에 이룬 성공의 원천이 이처럼 다른 대륙에서 빼앗아온 금과 은에 있다는 사실은 영광스럽지 않았다. 게다가 그것을 빼앗는 과정에서 거둔 승리가 사실은 철제 무기가 없는 사람들에게 대포를 사용하고, 전염병의 도움까지 받아 얻어낸 결과라는 사실은 부끄러운 일이었다. 따라서 '근대'의 성공에 대해 유럽 내부의 자생적인 원인을 찾

13　강철구, 같은 책, pp. 193, 217.

을 필요가 있었고, 이를 위해 유럽인들의 '타고난 우월성'을 입증하려는 노력들이 이루어졌다. 유럽인종의 우수성이나 유럽인들의 특별한 창조능력 등은 이러한 작업에 동원된 장치들이었다.

유럽이 거둔 성공에 대해 비교적 합리적인(?) 논리를 제공한 사람은 헤겔Georg Friedrich Hegel이었다. 헤겔은 그가 창안해낸 '자유'의 개념에 대해 이야기하며 역사의 발전은 이러한 '자유'를 실현해 나가는 과정이라고 말했다. 그래서 이성과 합리에 의해 진보해 온 유럽만이 '자유'의 이념을 스스로 실현하여 역사의 발전을 이룰 수 있다고 주장했다.

베버Max Weber 역시 유럽에서만 진보가 가능했던 이유에 대한 설명을 내놓았다. 그는 유럽이 그리스 시대부터 합리성을 발전시켜왔기 때문에 자본주의의 발전을 가능하게 한 프로테스탄트의 윤리와 결합할수 있었고, 열심히 일하고 낭비하지 않는 태도가 자본의 축적과 건전한 투자를 가능하게 하여 근대화에 성공할 수 있었다고 설명했다.[14]

한편, 19세기의 한가운데를 살았던 마르크스Karl Marx는 지향점이 조금 달랐다. 19세기 산업혁명의 부작용을 온몸으로 느끼며 살았던 그는 노동자들이 빈곤으로부터 해방되길 진심으로 바랐다. 그는 진정한 자유는 경제적 빈곤으로부터의 해방이 있어야만 얻어지는 것이라고 생각했다. 그리고 생산력을 생산수단의 사유로 인한 제한에서 해방시키는 것이 인류를 해방시키는 유일한 과학적인 방법이라고 믿었다.[15] 그의 이른바 '유물론적 역사관'이 '하부구조'를 중시하는 경제결정론적 성격을 띠는 것은 이런 생각이 바탕에 깔려있었기 때문이다.

---

14 강철구, 같은 책, pp. 36~40.

15 太田秀通 저, 방기중 역, 『사학개론 I』, 청아신서10, 1985, p. 43.

유물론적 역사관에 따르면 역사는 원시 공산 사회에서 고대 노예제 사회, 그리고 중세 농노제 사회를 거쳐 근대 자본주의 사회로 발전하는데, 이러한 발전의 동력은 생산력과 생산관계(합쳐서 '생산양식'이라 불린다)의 변화로부터 제공되는 것이었다. 그리고 이러한 단계를 거쳐 최종적으로 이르게 되는 단계는 마르크스 나름의 현실 인식에 바탕을 두고 생각해낸 사회형태였는데, 바로 사유재산과 빈부의 격차로부터 인간을 완전히 해방시켜줄 수 있는 '공산주의' 사회였다.

마르크스가 연구를 시작한 출발점이 계급 혁명에 대한 기대와 무관하지 않음을 감안해 본다면, 그가 설정한 역사 발전 단계를 이행시키는 동력인 '생산양식'에 대한 설명은 유럽사의 경험적 전개 과정에 맞추어 개발되었다기보다는 그의 최종 목표인 계급 혁명을 촉발시키기 위해서 만들어진 듯한 인상을 지우기 어렵다. 원시 사회에서 근대 자본주의 사회로의 이행 단계까지는 생산력의 증가가 차지하는 비중이 압도적으로 높아 보이는 것에 비해, 자본주의 사회에서 공산주의 사회로 나아가기 위해서는 생산관계에서 발생하는 모순의 역할이 훨씬 더 커보이기 때문이다. 실제로 레닌의 혁명에서 마르크스의 유물론적 역사관이 수행했던 역할을 생각해 보면, 그의 이론이 처음부터 사회주의 혁명의 실천을 염두에 두고 만들어졌다는 설명[16]이 더욱 설득력 있게 들린다.

유물론에 입각한 역사 발전 단계론에 대한 비판은 이미 많은 학자들에 의해 이루어져 왔고, 이제 어느 정도 정리가 되었다고도 할 수 있다. 대표적인 비판이 유럽사의 발전 과정을 토대로 만들어진 이론이기

---

16 차하순 외, 같은 책, pp. 90~103.

때문에 비유럽 지역에 적용하기 어렵다는 것과, 심지어 유럽에서도 이 이론에 완전히 부합하는 국가를 찾기 어렵다는 것이다.

유물론적 역사관이 이렇게 힘을 발휘하게 된 것은 마르크스 자신의 공로(?)만은 아니었다. 유럽의 전통적인 시대구분에 대한 3분법(고대, 중세, 근대)[17]이 그의 역사발전단계와 우연히 부합하면서 고대와 중세, 근대가 각각 노예제 사회, 봉건제 사회, 자본주의 사회로 굳어지게 되었고, 이것이 어느 순간 세계사의 보편적인 발전 과정으로 자리매김하게 된 것이다.

우리나라에서도 유럽사를 토대로 만들어진 이 발전 단계에 맞추어 우리 역사를 설명하려는 시도가 있었다. 1930년대에 일제의 식민사관의 한 형태인 '정체성론停滯性論'에 대응하여, 한국사의 발전이 기형적이거나 특수한 형태로 이루어져 온 것이 아니라 세계사의 보편적 발전 단계에 맞게 이루어졌다는 주장을 펴기 위한 연구가 이루어졌던 것이다.

그러나 마르크스가 설정한 역사의 발전 단계는 처음부터 유럽사를 토대로 만들어진 것이었기 때문에 비유럽 지역의 역사를 이 이론에 끼워 맞추는 것은 불가능했다. 그 결과 우리 역사 현상에 '아시아적' 또는 '중앙집권적'이라는 수식어를 붙여 단계에 맞추려는 시도가 나타나

---

17 르네상스 시기에 만들어진 것으로 알려진 3분법은 처음 등장했던 당시부터 이미 비판의 대상이었다. 시간이 계속 흘러감에 따라 '근대'가 무한정 확장될 수밖에 없다는 약점을 안고 있었기 때문이다. 그래서 나중에 '현대'를 하나 더 추가하기도 하였지만, 역시 '현대'가 무한히 장기화되는 문제는 해결되지 않았다. 이렇게 눈에 보이는 문제를 안고 있었음에도 불구하고 이 방식이 계속해서 답습되게 된 것은 여러 가지 우연이 겹치게 된 탓도 있었다. 본래 '암흑기'로 여겨져 단절의 대상이 되었던 중세가 19세기에 낭만주의 사조의 유행으로 재조명되었고, 산업혁명 이후 자본주의 사회가 도래하면서 근대의 모습마저도 급변하게 된 것이다(차하순 외, 같은 책, p. 102).

기도 했고, 우리 역사가 지체되었음을 인정하면서 그 원인을 왕토사상의 존재나 노예제 사회의 부재, 봉건제의 결핍 등으로 설명하는 경우도 있었다.[18]

이러한 연구 경향은 해방 이후에도 우리나라 사회경제사학에 일정 정도 영향을 미쳤지만, 시간이 지나면서 지나치게 서구중심적 역사인식이라는 비판을 받았다. 이후 우리의 역사를 기준으로 새롭게 시대구분이 이루어져야 한다는 주장이 대두되었고, 그 기준에 대한 모색이 시도되기도 하였다. 하지만 아직까지는 대체로 왕조를 분기分期로 삼은 시대구분이 통용되고 있고, 이것을 뛰어넘을 정도로 설득력을 얻고 있는 이론은 나타나지 않고 있다.[19]

'시대 구분'의 탄생 비화에 대한 상상

역사를 체계적으로 인식하기 위해서는 역사적 사실들을 일반화하거나 분류하고 배치하는 작업이 필요하기 때문에 역사가가 나름대로의 역사관에 따라 시대구분을 하는 것이 의미가 있다는 주장[20]도 있다. 그

---

18 차하순 외, 같은 책, p. 105.

19 현재 역사 교과서에서는 삼국의 성립부터 통일신라와 발해가 공존했던 시기까지를 '고대'로 보고, 고려를 '중세', 그리고 조선을 '근세'로 보는 입장을 취하고 있다. 그리고 '근대'는 개항기를 전후한 시기부터 해방이전까지의 시기로 보고 있다. 한국사의 시대를 이렇게 구분하는 것에 대해서는 왕조교체를 기준으로 한 것이라는 측면에서 비판을 받기도 했다. 그러나 왕조의 교체가 아무런 역사적 배경 없이 일어나는 일도 아니고, 왕조 교체의 결과 일어난 변화가 다른 사건을 계기로 일어난 변화보다 반드시 적은 것도 아니라면, 왕조 교체라고 하는 우리역사상 대단히 큰 사건을 기준으로 시대를 구분하는 것이 크게 문제가 될 것은 없어 보인다.

20 차하순 외, 같은 책, pp. 30~35.

런데 만약 르네상스 시기에 역사를 3시대로 나누었던 사람들이 그들의 과거 시간을 '국명國名'으로 쉽게 특정할 수 있었다면, 그래서 그 국명만으로도 어느 시기를 말하는 것인지 누구나 다 알 수 있었다면, 이렇게 모호하고 심지어 마지막 시기인 '근대'는 무한정 장기화될 수밖에 없는, 이런 치명적인 약점을 가진 시대명을 군이 고안해 낼 필요가 있었을까? 설령 그들이 어떤 의도에서 그런 시대명을 개발하여 사용했다고 가정해도, 후대의 사람들이 국명 대신 군이 '고대'니, '중세'니 하는 이런 모호한 시대명을 계속해서 사용했을까?

르네상스의 휴머니스트들이 동경했던 '고대 그리스 세계'는 본래 하나의 국가로 존재하지 않았다. '그리스'라는 지역명의 유래도 설명이 다양해서, 실제로 여러 폴리스들이 공존했던 시기에 그 지역이 '그리스'라는 하나의 지명(?)으로 불리는 일이 얼마나 있었는지 모르겠다. 당시 그 지역은 아테네와 스파르타 등 많은 폴리스들로 이루어져 있었고, 이 폴리스들을 합쳐서 부르는 명칭은 시기별, 지역별로 매우 다양한 편이었고 하나로 정해져 있지 않았다. 로마제국 멸망 이후에 전개된 '중세'도 많은 수의 장원으로 분열되어 있었고 통일국가를 이루지 못했다. 이처럼 유럽 지역에는 '국가'가 줄곧 부재不在했기 때문에 국명으로 시기를 특정하는 것이 불가능했고, 이것이 바로 '고대', '중세'와 같은 시대명이 필요하게 된 이유일 수 있다.

반면, 비유럽 지역에는 국명國名만으로 시간적·공간적 범위를 특정할 수 있는 국가들이 다수 존재한다. 예를 들어 중국은 '당唐'이라고 하면, 언제 어느 곳에 있었던 국가인지 누구나 쉽게 알 수 있다. 우리의 경우처럼 하나의 왕조가 오랫동안 지속된 경우에는 해당 왕조를 전기와 후기, 혹은 전기, 중기, 후기로 나누어서 이야기하는 것도 가능하다. 유럽에서 일정한 시기에 대해 고대, 중세와 같은 시대명을 붙이게 된 계기가 국명의 부재로 인한 것이라면, 유럽과 달리 일찍부터 국가가 성립했던 지역에서는 시대구분에 대해 고민할 이유가 처음부터 없었다고 생각된다.

김부식과 일연은 삼국의 역사를 서술하면서 신라의 역사만 3시기로 구분하는 방식을 취했다. 신라가 너무나 오랜 시간 동안 지속되기도 했고, 통일 전후에 동일한 국호를 사용했기 때문에 이를 구분할 필요가 있었던 것이다. 김부식과 일연 모두 통일전쟁이 시작되는 무열왕대부터를 새로운 시기(김부식은 중대中代, 일연은 하고下古)로 보았는데, 이때가 바로 성골 출신의 왕통이 끊어지고 무열계 진골이 왕위를 계승하게 된 시점이기도 했다.

재미있는 사실은 두 사람 모두 신라의 역사를 통일 전후로 양분하지 않고 굳이 3시기로 구분했다는 점이다. (아무런 의도 없이) 순수하게 역사를 기록하는 것만이 목적이었다면 통일 전후로 양분하는 것이 더 타당해 보이는데, 굳이 3시기로 구분한 이유는 무엇이었을까?

추측컨대 김부식과 일연은 책을 편찬할 당시에 이미 시대구분이 갖는 효력(?)을 잘 알고 있었던 것으로 보인다. 고려의 대신이었던 김부식은 신라 하대(156년)를 신라 중대(127년)에 비해 더 길게 설정하여 신라의 혼란이 장기간 지속된 것처럼 보이게 함으로써 신라 멸망의 필연성을 부각시켰고, 승려였던 일연은 통일 이전 시기를 불교식 왕명 사용 이전과 이후로 구분하여 불교에 대한 존숭尊崇이 삼국통일의 중요한 요인처럼 보이도록 했다. 같은 역사임에도 불구하고 편찬자의 의도에 따라 다르게 보이도록 한 것이다. 아마도 김부식과 일연을 두고 한

말은 아니었겠지만, 유럽을 대표하는 계몽사상가인 볼테르가 "역사란 과거의 죽은 것들에 대한 역사가의 농간"[21]이라고 했던 말이 떠오르는 대목이다.

르네상스 시기의 휴머니스트들이 유럽 전체의 역사를 3시기로 구분하였던 이유도 실상 암흑기였던 중세를 고립시키고 고대와 근대와를 연결하려 한 것이었다. 심지어 두 시기의 동질성을 확보하기 위해 '르네상스renaissance(재생, 부활)'라는 용어도 사용했다. 결국 시대구분의 기능은 구분 주체의 의도대로 역사를 보게 하는 데 있다는 점을 부인하기 어렵다. 이런 부분을 감안하여 본다면, 특별한 의도 없이 역사를 서술하려고 할 때 국명보다 실용적인 시대명은 처음부터 존재하지 않았을지도 모른다.

'자본주의 발전＝역사 발전'이 된 이유

우리가 역사 발전의 기준을 유럽사, 특히 유럽의 '근대'와의 유사성에 두게 된 배경이 반드시 유물론적 역사관과 유럽식 시대구분에 있는 것만은 아니다. 서구중심의 역사관은 기본적으로 과거 제국주의 국가들의 다양하고 세심한(?) 노력의 산물이었다.

서구중심적 역사관의 뿌리는 '계몽사상'으로부터 제공되었다고 할 수 있다. 17세기에 등장한 계몽사상은 종교적 불합리와 미신으로 가득 차 있었던 '중세'의 암흑을 깨고 이성과 합리의 빛을 던져주었다. 유럽인들은 이성의 증가를 역사 발전의 원동력으로 생각했고, 이성과 합리

---

21 차하순 외, 같은 책, p. 34.

가 존재하는 유럽을 그것이 없는 야만 상태와 구분하고자 했다.

산업혁명은 유럽의 우월성을 만천하에 입증한 사건이었고, 이는 제국주의 열강의 팽창으로 이어졌다. 생태계에서 일어나는 '약육강식'과 '적자생존'의 원리가 인간 사회에도 동일하게 적용된다는 이론(사회진화론)도 등장해 유럽의 팽창에 정당성을 부여했다.

19세기 유럽과 미국에서 산업화가 빠르게 진행되면서 '자본주의'는 서양 근대 문명의 본질적인 구성요소로 자리 잡았다. 20세기 역사학자들은 유럽에서 가장 빨리 산업사회가 발전하게 된 이유를 설명하기 위해 바쁘게 머리를 굴렸고 되도록 유럽 내에서 원인을 찾고자 했다. 그들에게는 산업화와 자본주의가 역사 발전의 표상이어야만 했고, 그것이 일어나지 않은 역사는 야만이어야만 했다. 그리고 그 (야만의) 상태는 한 마디로 '근대'에 도달하지 못한, '근대' 이전의 역사, 즉 '전前근대'의 역사로 통칭되었다.

유럽이 근대 자본주의 사회로 '발전'하게 된 과정을 매끄럽게 설명하기 위해서는 정치사보다는 경제사에 관심을 가지는 것이 유리했다. 『신석기혁명과 도시혁명』의 저자 고든 차일드Vere Gordon Childe는 '진보'의 맥락을 파악하기 위해서는 다각적인 측면에서 역사를 보아야 한다고 주장하며 정치사적 관점에서 진보를 논하는 것은 비과학적이라고 비판했다.

그는 경제사와 문화사를 중심으로 역사를 보아야 한다는 전제하에 계량화된 객관적 기준에 의해 역사를 평가해야 한다고 주장했다. 이러한 기준을 적용할 수 있는 대표적인 사례가 유럽 인구의 폭발적인 증가를 가져온 '산업혁명'이었는데, 선사시대에 일어난 농경의 시작을 '신석기 혁명'이라 명명한 것도 인간의 생존율을 크게 높여 인구가 급격히

증가했다는 이유에서였다.[22]

이른바 '역성혁명'의 효과

경제 분야의 변화만으로 역사 전체의 우월성을 증명하기에 빈곤함을 느낀 유럽은, '근대'를 세계사가 마땅히 도달해야 하는 이상이자 목표로 만들기 위해 작업의 범주를 좀 더 확장하기로 했다. '프랑스혁명'에 (비유럽 세계에서 일어난 농민반란이나 왕조교체와는 차별화된) 갖가지 의미를 부여한 것이다. 예를 들면 부르주아 계급이 봉건귀족 계급을 타도하고 자본주의 사회를 만들었고, 이러한 부르주아 혁명으로 국왕에 의한 전제정치가 무너지고 민주적인 사회구조가 새롭게 탄생했으며, 프랑스혁명으로 인해 촉발된 합리적 근대 문화의 발전과 자유, 평등, 우애의 이념은 전 세계로 퍼져나가 큰 혜택(?)을 주었으므로 '프랑스혁명'이 곧 '근대'의 시작이라는 것이었다.[23]

'프랑스혁명'에 대한 이러한 주장은 우리의 역사 해석에도 영향을 미쳤다. 진정한 혁명은 프랑스혁명과 같이 부르주아 계급이 봉건귀족 계급을 타도해야 하는 것이고, 왕실의 성씨가 단지 왕王씨에서 이李씨로 바뀐 것은 '역성易姓혁명'일 뿐이라는 것이다. 여기에 조선의 건국을 주도했던 세력과 고려 지배세력의 가계家系를 분석하여 양자 간에 큰 차별성이 없다는 연구 결과[24]까지 추가되자, 구세력을 타도했다기보다는

---

22 고든 차일드 저, 김성태·이경미 역, 『신석기혁명과 도시혁명』, 주류성, pp. 104~111.

23 강철구, 같은 책, pp. 41~46.

24 존 던컨(John Duncan)은 『조선왕조의 기원』에서 조선 건국의 주도세력인 신진

계승한 것에 가까운 조선 건국은 '진정한 혁명'이 아니라 단지 '역성혁명'에 불과하다는 말은 더욱 설득력을 얻었다.

그런데 '혁명革命'의 본래 의미는 무엇이었을까? 비록 지금은 'revolution'에 대한 번역어로서의 역할이 가장 중요한 것이 되었지만, 본래 중국에서 '혁명'은 민심民心으로 상징되는 '천명天命'이 바뀔 수도 있다는 의미로 사용된 용어였다. 혁명론은 맹자에 의해 체계화되어 무도한 국왕을 교체하는 데 이론적 토대를 제공하였다. 동아시아 역사에서 민심과 유리된 군주를 교체하는 일은 곧 왕가王家의 교체, 즉 신왕조 개창을 의미하였기 때문에 성씨를 바꾼다는 의미인 '역성易姓'이 여기에 더해진다고 해서 의미가 바뀌는 것이 아니었고, 과거의 모순에 대한 개혁과 사회변화의 폭이 적었다는 의미를 나타내는 것은 더더욱 아니었다.

'혁명'이란 용어의 내력이 이러함에도 불구하고 '진정한 혁명'과 '역성혁명'을 구별하는 이 새로운 관행(?)이 가져온 효과는 생각보다 컸다. 세계사에서 일어난 모든 신왕조 개창을 단번에 '진정한 혁명'의 범주에서 축출시켜 버렸고, 왕조교체와 동반된 모든 개혁과 변화가 갖는 의미를 현저히 축소시켰다.

사대부의 가계(家系)가 (조준의 경우에서 보듯) 고려말 권문세족이나 고려전기의 문벌귀족과 연결되어 있음을 들어 고려와 조선왕조의 연속성을 파악하고자 하였다(존 던컨 저, 김범 역, 『조선왕조의 기원』, 너머북스, 2013). 그러나 프랑스혁명 역시 혁명의 주도세력 가운데 구귀족세력의 후손들도 포함되어 있었고, 혁명의 결과 소위 '구세력'이 완전히 다 도태된 것도 아니었다. 나폴레옹이 유럽을 제패했던 시기와 그 이후 루이 필립 시대에도 구세력은 여전히 지배체제에서 완전히 배제되지 않았다. 세계사적으로도 구세력과의 완전한 단절을 초래한 사건은 찾아지지 않는다. 따라서 혈통적 연속성을 근거로 조선 개국에 의한 변화와 발전을 축소하는 것은 타당하지 않다고 생각된다.

실망스러운 부분은 '진정한 혁명'의 전형으로 군림해 온 프랑스혁명의 실상實像이다. 실제로 프랑스혁명은 공화정을 수립했지만 민족주의적이지 않았고 초기부터 공포정치에 의한 독재적 성격을 가졌다. 봉건적 지배를 일소한 것도 아니었고 토지귀족계급은 나폴레옹 시대 이후 다소 변형된 형태로 그 상당수가 다시 복귀하였다. 결론적으로 프랑스혁명과 자본주의 발전은 별 관계도 없었다.[25]

'근대'라는 이름의 함정

1945년 이후 '근대화'를 세계사의 절대 목표로 등장시킨 주체는 세계대전으로 손상되지 않은 산업경제 국가인 미국이었다. 미국은 세계대전 와중에 잠시 후퇴했던 진화와 진보의 논리를 다시 주장하면서, 미국을 서양 문명의 중심지이자 원동력으로 내세웠다. 미국이 스스로를 서구 문명의 중심으로 여기는 경향은 냉전 시대에 더욱 심화되어 미국과 서구는 진보적 문명국가로, 소련은 비문명적 동양의 독재국가로서의 이미지가 굳어졌다. 이에 따라 자본주의는 (이전보다 더) 물질적, 도덕적으로 문명 최상의 발전을 표상하는 것으로 여겨지게 되었고, 미국의 제3세계에 대한 경제원조가 합리화되었다.[26]

월터 로스토, 클리퍼드 기어츠 등의 역사가는 자본주의를 제3세계로 전파하는 일을 '근대화'라고 불렀는데, 이들에게는 더 넓은 지리적 영역을 자본주의에 편입시키는 팽창이 곧 세계화였고, 세계화가 바로

---

25 강철구, 같은 책, pp. 48~49.

26 토마스 패터슨 저, 최준석 역, 『서양문명이 날조한 야만인』, 용의 숲, 2012, pp. 62~65.

근대화였다. 그러나 이러한 근대화론은 1970-80년대에 들어와 제3세계에 의해 심각한 비판에 직면하게 되었는데, 현실에서는 제3세계 국가들이 근대화로 수렴되는 것이 아니라 점점 더 미국 자본주의 경제에 종속되는 양상을 보였기 때문이다. 서로 다른 지점에서 출발한 국가들이 근대화에 대해 각기 다른 체험을 갖게 되면서 근대화의 경로가 다양하다는 사실도 알려졌다.[27] '근대'는 누군가에게는 엄청난 '행운'이고 '발전'이었지만, 다른 누군가에게는 '재앙'이었다는 사실이 현실로 나타났던 것이다.

'근대'에 대한 맹신이 우리에게 가져다준 부작용의 최고봉은 '식민지 근대화론'이다. 근대가 지체된 것에 대한 우리의 과도한 죄책감은 '식민지'와 '근대화'라고 하는 서로 전혀 어울리지 않는 두 단어의 만남까지 성사시켰다. 일제강점기를 경험한 덕분에 우리나라의 근대화가 빨라졌다는 이 주장은, 일제가 우리의 근대화에 기여한 부분이 무엇인지에 대해 격한 논쟁을 불러일으켰다. 하지만 이 논쟁에 쏠린 세간의 관심이 무색하게도, 왜 우리는 반드시 '근대화'가 되어야만 하는 것인지에 대한 논의는 한 번도 일어나지 않았다. 단지 그 좋은 '근대화'를 우리가 스스로 한 것인지, 남이 해준 것이었는지에 대한 논의만 치열하게 전개되었을 뿐이다.

이쯤 되면 근대화가 역사 발전의 궁극적 지향이고 모든 전근대 국가들에게 부여된 절대적 과제라는 설정은 적어도 우리나라에서는 이미 역사의 '진리'로서 받아들여졌다고 보아야 하는 것인지도 모르겠다. '근대'가 갖는 절대 권력에 대항하는 것은 이제 그만 포기해야 하는 것

---

27 토마스 패터슨 저, 같은 책, pp. 66~70.

일까?

마치 '근대'의 권위를 전제로 하는 이야기처럼 들릴 수도 있겠지만, 근대화의 주체와 관련된 이 논쟁에서 식민지 경험이 근대화를 앞당겼다는 주장은 오류임이 이미 역사적으로 입증되었다고 생각한다. 과거에 식민지를 경험한 국가 중에 제국주의 열강에 속했던 국가보다 더 잘 사는 국가가 현재 없기 때문이다. 만약 식민지를 경험했던 것이 근대화를 앞당겨서 국가 발전에 더욱 도움이 되었다면, 과거 식민지를 소유했거나 식민지를 경험하지 않은 국가들이 훨씬 더 부강하게 잘 살고 있는 현재의 국제 정세는 어떻게 설명을 해야 하는 것인가? 우리도 제국주의 열강들과 마찬가지로 식민지를 경험하지 않았다면, 지금 그들처럼 더 잘 살고 있을 확률이 높지 않았을까? 우리 민족은 그들과 달리 반드시 식민지를 경험해야만 이만큼이라도 살 수 있다고 생각해야 할 이유가 특별히 있는 것이 아니라면 말이다.

19세기 동아시아 국가들이 수행했던 모든 개혁들을 전부 다 '근대화'를 위한 것으로 치부하며, 그 성패를 시기상 가장 가까운 전쟁의 승패를 가지고 판단하는 것도 문제다. 중국에서 서양의 과학기술을 도입하려 했던 '양무운동'을 청일전쟁에서 패했다고 해서 무조건 실패한 개혁으로 단정 짓는 것이나, 중국의 사상을 유지하려고 했던 '중체서용中體西用'이 그 한계라고 설명하는 것은 쉽게 수긍하기 어렵다.

조선이 종국에 식민지화되었다고 해서 개항 이후 추진한 거의 모든 개혁들이 어떤 내재적 '한계'를 가졌다고 평가받는 것도 온당치 못하다. 예를 들어 갑신정변은 주도 세력의 지나친 급진성이 한계였고, 갑오개혁은 입헌군주제와 의회제도를 추진하는 단계까지 나가지 못한 것이 한계이며, 동학농민운동도 근대국가로의 지향을 뚜렷하게 제시하지 못했다는 점에서 모두 자체적인 '한계'가 있었다는 식이다. 이렇게 본다면 우리 역사는 설령 하늘의 별을 땄다고 해도 전부 '한계'가 있었다는 평가를 들을 것 같다. 솔직히 말해 당시에 우리가 입헌군주제나 의회제도를 들여와서 전격적으로 시행했다고 가정해도, 결과가 크게 달라졌을 것이라고 말하기는 어렵다. 러시아를 견제하려는 영국과 미국의 지원을 듬뿍 받았던 일본이 경제난에 허덕이던 로마노프 왕조와의 전쟁에서 패배할 가능성은 많지 않았기 때문이다.

그렇다면 왜 일본은 스스로 아시아에서 유일하게 근대화에 성공했다고 말하고, 우리 교과서는 순순히 이 사실을 인정하는 걸까? 메이지 유신이 정말 '근대적' 개혁인가? 메이지 유신의 결과 일본에 자리 잡은 정치체제는 그들이 '천황'이라고 칭하는 1인에게 모든 권력을 몰아주는 전제정치 체제였고, 지방에 분산되어 있던 권력을 중앙에 귀속시키는 일련의 개혁은 동아시아 전근대 국가들이 이미 고대국가를 수립할 때부터 계속해서 해온 일이었다. 메이지 유신에 의회주의적인 요소가 포함된 것은 막부에 반대하는 세력이 정권을 장악하기 위한 수단으로서의 성격이 더 강했고, 뒤늦게 성립한 통일국가에 정당성을 부여하기 위한 조치였다.

결론적으로 일본은 '근대화'에 성공한 것이 아니라 에도막부를 타도하는 데 성공한 것이고, 대부분의 동아시아 고대국가들이 수립했던 중앙집권체제를 메이지 유신을 통해 추진한 것이었다. 청일전쟁과 러일전쟁에서 승리할 수 있었던 이유 역시 일본이 아시아에서 유일하게 근대화에 성공했기 때문이 아니라, 그들이 미국과 영국 등 강대국들의 이익을 위해 기꺼이 봉사해 왔고 앞으로도 그럴 것처럼 보인 것이 결실을 맺은 것에 가깝다.

국가를 '국가'라고 부르지 못하고, 민족을 '민족'이라 부르지 못하게 된 사정

유럽이 기획한 '근대'에 대한 설정이 인류 역사에 미친 부작용은 여기에서 그치지 않는다. 소위 '근대국민국가'라는 개념을 창조함으로써 '근대' 이전에 존재했던 모든 비유럽 지역의 국가들을 '전근대' 혹은 '전통시대'의 국가로 만들어 버린 것이다.

베버Max Weber는 근대 국가의 조건으로 영역 내에서 폭력 수단의 독점과 영토권, 관료제와 국가에 의해 만들어진 '국민' 의식(같은 언어와 문화를 공유하게 하기 위한 교육제도, 애국심 독려를 위한 장치 등) 등 9가지를 꼽았다.[28] 9가지 가운데 대부분은 우리의 고대국가들도 모두 갖추고 있는 것들인데, '시민권'은 사실상 비유럽 국가의 역사에서 외형적으로 그 존재를 입증하기 불가능한 조건이다. 베버는 '시민권'을 '국가기구가 부여한 배타적 권리로서 정치공동체에 참여할 자격'이라고 설명했는데, 이러한 자격을 공식적으로 부여한 경우는 대부분의 비유럽 국가의 역사에서 찾아보기 어려울 것이기 때문이다.

사실 조선시대 유생들은 집단상소를 올려 자신들의 의사를 국정에 반영해 줄 것을 요구하기도 하였고, 국왕이 관료와 일반 백성들을 상대로 여론 조사를 하거나 정치적 현안에 관해 해법을 구하는 일도 자주 있었다. 그러나 이런 사례가 있었다고 해서 베버가 말한 근대국가의 9가지 조건 중 '시민권'을 갖췄다고 인정받을 가능성은 없을 것이다.

---

28 베버는 '국민국가'의 구성요소로 ① 국민전체를 대상으로 한 폭력의 조직화 및 독점적 행사 ② 영토 ③ 징병제 ④ 주권 ⑤ 권위(정당성) ⑥ 징세권 ⑦ 입헌성 ⑧ 비인격적 권력행사(법치) ⑨ 시민권 등을 들었다(최갑수, 「리바이어던」의 등장 : 절대주의국가에서 국민국가로의 이행」, 『서양사론』 82, 2004, p. 75).

유럽에서 일단 '근대국민국가'라는 개념을 만든 이상 그것은 유럽이 세계 최초일 수밖에 없는 것이고, 우리 역사 속의 국가들은 이제 전부 '고대왕국'이나 '전제왕조', 아무리 좋게 보아줘도 '전근대 국가'로 전락할 수밖에 없는 운명에 처해 진 것이다.

하지만 이러한 '국민국가nation'의 개념 정의가 새삼스럽게 이루어지게 된 배경이 무엇인지에 대해서는 그래도 따져 볼 필요가 있다. 우리 역사에는 최소한 삼국시대부터 존재해 왔던 그런 공公적 의미의 '국가'가 유럽에서는 19세기까지도 부재하였던 것이 원인일 수도 있기 때문이다. 나폴레옹 전쟁으로 인해 새삼스럽게 '민족주의'가 전파되어 이탈리아 통일과 그리스 독립을 가져왔다는 설명도 같은 맥락에서 이해된다. 유럽의 '민족주의'는 그때까지 공적 국가에 소속된 국민으로서 뚜렷한 정체성을 가질 기회가 없었던 유럽인들이 나폴레옹이라는 강력한 외부 세력의 침략으로 '국가'의 필요성을 자각하게 됨으로써 탄생한 것이었다. 다시 말해 '중세'라는 긴 시간 동안 특정 가문의 '재산'으로 존재해 왔던 영역들을, 19세기에 와서 하나로 묶어 대규모의 재정과 군사력을 확보하지 않으면 안 되었기 때문에, '국가'가 어떤 존재인지를 정의하지 않으면 안 되었던 것이다.

19세기를 전후한 시기 유럽에서 돌연 공公적 의미의 '국가'가 성립하면서 정치적 주도권을 차지하려는 세력이 내세웠던 '민족(국민)' 의식은 20세기 들어와 새삼 반발을 낳기도 했다. 홉스봄은 민족이 근대 자본주의의 산물일 뿐이고 민족이 민족주의를 만든 것이 아니라 민족주의가 민족을 만든 것이라고 주장했다. 즉 반동적 지배계급이 정권 유지 목적에서 피지배층의 협력을 이끌어 내기 위해 사용한 수단이 '민족' 개념이며, 따라서 모든 민족주의는 관제官制적 성격이 강하고 억압적이라는 것이다.[29] 같은 맥락에서 앤더슨은 '민족'이 단지 수평적 동료의식으로 상상된 공동체에 불과하다고 하며, 그 문화적 기원은 (국가가 의도적으로 조성한) 기념비와 애국심을 독려하는 각종 행사 등에 있다고 주장했다.[30]

20세기 서양 역사학자들에 의해 주장된 이러한 '민족'의 허구성은, '민족'이라는 번역어가 유럽사의 'nation'을 번역하기 위해 일본이 만든 용어라는 점이 부각되면서 돌연 우리 민족에게로 화살을 돌렸다. 실제로 혈통적 순수성을 가진 민족 국가는 역사 속에 존재하지 않을 것임이 분명한데, 우리만 '단일민족'이라는 환상에 빠져있다는 것이 이유라면 이유였다.

이렇게 민족의 실체를 부정하는 주장이 우리나라에 상륙하게 되자 다소 뜻밖의 현상이 나타났다. 과거 독재 정권 시절에 '민족' 개념이 활용되었던 사실과 민족의 허구성에 대한 주장이 만나 시너지를 일으킨 것이다. 이에 따라 '민족'이 일제강점기에 독립이 절실했던 상황에서 '만들어진' 개념이라는 주장이 설득력을 얻었다.

하지만 그 용어 자체가 언제 쓰이기 시작했느냐와 상관없이 '민족' 하면 떠오르는 사실들이 우리 역사에서 차지하는 비중은 그야말로 만만치가 않았기 때문에, 이에 대한 강력한 반론도 피할 수 없었다. 만약 '민족'이 일제강점기에 만들어진 개념이라면 우리 역사 속 '전근대' 국가에 살았던 '국민國民' 혹은 '백성百姓'들은[31] '민족'과 어떻게 차별화되는

---

29 강철구, 같은 책, p. 42.

30 베네딕트 앤더슨 저, 윤형숙 역, 『민족은 상상의 공동체』, 나남출판, 2005, pp. 23 ~27.

31 『조선왕조실록』에서는 '국민(國民)'이 100여 건, '백성(百姓)'은 1717건이 검색된

사람들인지 이해하기 어려울 뿐만 아니라, (민족 정체성과 애국심이 '근대국가'에 의해 만들어져 유도된 것이라면) 우리의 전근대사에서 애국심에 의해 일어난 것으로 볼 수밖에 없는 많은 사건들, 예를 들어 의병 활동 등은 설명할 수 없기 때문이다.[32]

'민족'이란 용어의 생성 자체가 유럽의 근대국민국가에서 나온 번역어이니 사료에서 찾아볼 수 없는 것은 당연했다. 따라서 기록을 중시하는 실증주의적 연구 경향 하에서 '민족'은 그 실체를 인정받기 난감해졌고, 여기에 '세계화'라고 하는 거대한 국제 사회의 조류까지 밀려오면서 '민족'의 실체는 물론 그 유용성에 대한 의구심도 더욱 확산되었다.

민족의 허구성을 주장하는 담론에 대항하여 민족의 실재성을 주장하는 입장에서는 민족이 언어·문화적 공동체라는 점을 강조하고 있지만, 근자에 들어와 '민족' 개념을 옹호하는 것이 편협하고 배타적인 역사 인식으로 간주되는 경향이 있는 것은 부인할 수 없다.

하지만 '민족'의 허구성을 강조하고 그 실체를 부정하는 것도 '민족'이란 용어를 창작하고 이용했던 세력의 의도만큼이나 의심스럽다. 혈

다. 조선초 태조 4년 12월 14일 기사에 "임금이 즉위한 뒤에 (여진인들에게) 적당히 만호(萬戶)와 천호(千戶)의 벼슬을 주고, …금수(禽獸)와 같은 행동을 고쳐 예의의 교화를 익히게 하여 우리나라 사람(國人)과 서로 혼인을 하도록 하고, … 또 (여진인들이)추장에게 부림을 받는 것을 부끄럽게 여겨 모두 국민(國民)이 되기를 원하였으므로 … 학교를 세워서 경서를 가르치게 하니, … 다 조선의 판도(版圖)로 들어오게 되어 두만강으로 국경을 삼았다."는 구절에서, 여진인과 조선의 국민을 명확하게 구분하고 있음을 알 수 있다. 이 밖에도 조선의 영토 내에 거주하면서 조선의 법과 제도에 따르는 사람들을 외국인과 구분하는 의미로 '국인(國人)' 혹은 '본국인(本國人)'이라는 용어는 수천 건이 검색된다.

32 '민족'에 관해서는 https://namu.wiki/w/%EB%AF%BC%EC%A1%B1의 내용을 참고로 함.

통적으로 순수한 단일민족이 존재할 수 없을 것이라는 사실은 매우 상식적인 부분임에도 불구하고 이를 '민족'을 부정하는 최고의 근거로 사용한 것이나, '민족'이라는 용어 사용 이전에 실제로 일어났던 역사적 사건 가운데 국민적 정체성 혹은 이에 근거한 애국심 없이는 일어나기 힘든 사건들에 대해서는 설명하지 못하고 있기 때문이다.

비록 '민족'이라는 용어의 등장과 그 활용이 유럽에서는 근대 이후 특정 세력의 정치적 요구에 의해 이루어졌다고 해도, 전세계 모든 '민족'이 유럽사와 똑같은 경로로 탄생하였을 것이라는 폭력적인 전제하에 '민족'의 존재 자체를 우리의 역사 속에서 축출해버리려는 시도는 정당하지 않다.

만약 '민족'의 실체가 의심받아 마땅한 것이라고 한다면, 민족의 실체를 부정해서 얻는 이익이 누구에게 돌아가게 될 것인지에 대해서도 의문을 품어봄직하다. 소위 다민족 국가라고 칭해지는 현대의 '강대국'들의 경우, (과거 제국주의 국가들과 마찬가지로) 많은 유색인종 또는 소수 민족들로 이루어져 있기 때문에 이들을 사회적으로 통합해야 할 필요성이 절실한 형편이다. 따라서 이러한 소수민족들이 투철한 민족의식을 가지고 자신들의 역사와 고유한 풍습 등을 유지하려 하면, 정부로서는 난감한 일이 될 것이다. 중국에서 소수민족들이 자신들만의 역사와 문화적 동질성을 찾는 것을 환영하지 않는 것도 같은 이유 때문이다. 더 거슬러 올라가서 과거 일제가 민족말살정책의 일환으로 '내선일체內鮮一體'라는 구호를 내세운 것이나 '대동아공영권'을 주장했던 것도, 민족 개념의 허구성을 주장하는 것과 서로 접점이 없어 보이지 않는다.

본래 '국민국가'에 의해 억압적 기제로써 사용된 '민족주의'로부터 벗어나기 위해 대두된 '탈민족주의'적 경향이, '세계화' 시대로 나아가기 위한 진보적·개방적 사고인지, 아니면 제국주의의 또 다른 얼굴인지에 대해서는 좀 더 고민해 볼 필요가 있다.

'교류'가 가져다준 선물과 그 비용

한편, '세계화'의 추세가 더욱 가속화됨에 따라 '세계사'의 발전 과정을 새롭게 인식해 보려는 시각도 대두되었다. 유럽이 기획한 '근대'가 유럽사를 세계사 발전의 정점에 위치시켰다면, 이 방법은 '근대'에 대한 유럽의 독점권을 빼앗는 데 매우 효과적인 것이었다. 한 마디로, '근대'가 유럽에서 독자적으로 자생한 것이 아니라 중국과 이슬람 등 여러 지역과의 교류를 통해 만들어졌다는 사실을 드러냄으로써 '근대'를 지구상 여러 지역들의 공동 작품으로 만든 것이었다.

세계사의 전개에서 지역 간의 '교류'를 중시하는 이 '글로벌Global한' 방법은, 유럽에 독점되어 있던 '근대'의 가치를 재평가하게 만드는 데 대단히 유용한 방법이었다. 유럽사의 진행 과정을 역사 발전의 보편적인 표준으로 인식하게 만드는 데 가장 결정적인 역할을 해온 '근대'가, 실은 유럽인들에 의한 독자적인 작품이 아니라는 사실은 '근대'는 물론, 그 이전의 유럽사의 가치도 떨어뜨릴 수 있었다. '지구사'는 유럽인의 시각이 아닌 우주인의 시각에서 세계사의 시간과 공간을 고르게(?) 볼 것을 제안함으로써, 사실상 유럽 지역사로 한정되었던 '세계사'의 범위를 크게 확장시켰다.

하지만 이 글로벌한 시각이 모든 비서구 지역에서 유럽중심주의 극복에 순기능을 할 것이란 믿음은 너무 섣불렀다. '교류'는 세계사 발전의 보편적인 동력이 되기에는 치명적인 한계가 있어 보이기 때문이다. 서로 다른 문화권 간의 교류가 일어나기 위해서는 교통수단의 발전이 필수적인데, 지역 간의 교류가 매우 드물었던 시기에도 비유럽 많은 지역에서는 눈부신 역사 발전이 일어났다. 다시 말해 역사 발전의 동력을 '교류'에서 찾는 것은, '근대' 이전 교통이 발달하지 못했던 시기에 이미 발전해 온 비유럽 국가들의 역사를 설명하기 어렵게 만드는 일이다. 특히 농업이 주요 산업이었기 때문에 교류의 필요성이 상대적으로 적었던 국가들은 그만큼 역사가 발전하지 못한 것으로 치부되기 쉽다.

사실 중국과 같이 넓은 영토와 많은 인구를 가진 농업 국가의 경우에는 처음부터 역사 발전의 동력을 굳이 외부와의 교류에서 찾을 필요가 없었다. 건륭제가 영국의 외교관 매카트니에게 했던 말 그대로 중국은 '지대물박地大物博(땅이 넓고 물산이 풍부함)'하기 때문에 굳이 외국과 교류를 모색할 필요가 없었고, 스스로의 농업 생산력을 바탕으로 부富를 축적하고 군사력을 키우는 것이 훨씬 더 안정적이고 합리적인 발전의 경로였다. 물론 농업 국가라고 해도 가까운 지역 간의 교류는 고대 시기부터 끊임없이 이루어져 왔지만, 서로 다른 문화권 간의 교류는 국가 간에 공식적으로 이루어지는 것이 아니라면 대단히 드물게 일어났다.

한편, 동아시아 국가의 경우 정부의 승인 없이 국경을 넘는 것은 대단히 위험한 범죄 행위이기도 했다. 1247년 동진국에서 고려에 보낸 외교문서에 월경越境(국경을 넘는 행위)을 엄금할 것이라는 기록이 있고 (『고려사』 23, 세가 23, 고종 34년 3월), 조선 태종대에는 희천군 김우가 나라에서 금하는 물건을 국경을 넘어 몰래 매매했다고 하여 사헌부로부터 탄핵을 받기도 하였다(『태종실록』 17, 9년 2월 22일 을미). 이 밖에도 밀무역이나 국가에서 부과하는 역役을 피해 국경을 넘었다가 처벌되는 일은 수시로 일어났다.

정부의 이러한 통제는 서양의 관점에서 보면 자본주의적 발전을 가로막는 전제국가의 억압으로 여겨질 수 있겠지만, 국가에 의한 법치法治가 이루어지고 있었던 우리의 시각에서 보면 이런 범죄 행위를 통제하는 것은 당연한 일이고 현대 국가에서도 이런 행위는 엄격히 통제되고 있다.

소위 '근대' 이전 시기 문화권을 넘나드는 교류는 사적으로 이루어지기 힘들었고 정치적 상황과 연결되어 일어나는 경우가 대부분이었다. 밀무역을 통해 무기의 재료나 고가의 물품이 오가는 것을 국가가 방치할 수는 없었기 때문이다.

'교류'는 단독으로 역사 발전의 동인動因이 될 수 있을 정도로 지구상의 모든 국가에서 활발하거나, 자유롭게 일어났던 것은 아니다. 따라서 교류를 강조하는 것은 15~16세기 이후 특정 지역의 역사를 설명하는 데에는 매우 유용할 수 있으나, 세계사 전체의 발전 과정을 설명하기엔 적절하지 않다.

교류가 역사 발전의 기본 동력으로 과장될 경우, 자연적·정치적 환경으로 인해 상업적 교류가 많을 수밖에 없었던 지역이 농업 국가에 비해 더 우월한 역사로 보이게 하는 효과도 초래될 수 있다. 따라서 지역 간 교류가 세계사 발전에 끼친 영향을 시공간에 상관없이 확대 적용하려는 시도는 유럽사의 세계표준화와 마찬가지로 무모해 보인다.

서양 근대 문명의 본질적 구성요소를 '자본주의' 발전으로 생각하고 이것이 출현하게 된 경로를 곧 역사의 '발전'으로 설명하고자 하는 노력은 현재까지도 계속되고 있다. 월러스틴Immanuel Wallerstein은 16세기 이후 유럽중심의 세계 경제의 발전을 '세계-체제'라는 개념으로 설명했다. 그는 선진국과 후진국 사이에서 나타나는 경제적 지배-예속 관계의 원인을 국가 간의 힘의 차이로 인한 노동력의 부등가 교환으로 보고, 그 결과 중심부, 주변부, 반주변부의 3중적 시스템이 만들어졌다고 설명했다. 그리고 16세기 이후 이것이 점차 확대되어 세계를 포괄해 왔기 때문에 오늘날 세계체제가 이루어지게 되었다는 것이다. 유럽에서 유독 자본주의가 빨리 발전한 요인으로는 신세계의 금과 은 유입으로 물가는 급등했지만(가격혁명) 임금이 그렇게 많이 오르지 않았던 것(임금지체)과, 중심부(유럽)에서 자영농이 성장한 것, 그리고 주변부(동남아시아 등)에서 환금작물 재배를 위한 강제 노동(플랜테이션)이 등장한 것 등을 꼽았다. 유럽 내부의 내재적 발전도 강조했다. 세계사에 대한 월러스틴의 이러한 설명은 '근대 자본주의 사회'가 인류 역사 발전의 절대적인 지향으로 군림하는 상태가 당분간 이어질 것임을 전망하고 있다.[33]

'근대'가 우리에게서 빼앗아 간 것들

서양이 그들의 역사를 어떻게 볼 것인가에 대해 연구한 결과를 우리가 우리 역사에 그대로 적용해야 할 이유는 없다. 기어츠 Clifford Geertz 는 현대의 의식이 우수하다는 것을 증명하는 것은 거대한 '다양성'이라고 했다. 따라서 지금과 그 이후 시대에 대한 문화 방향의 일반적 전망, 세계관을 형성하려는 것은 망상일 뿐이고 오늘날의 쟁점은 패러다임

---

33 강철구, 같은 책, pp. 237~247.

이론의 계승이 아닌 '공존'이라는 것이다.[34]

우리는 지금 어떤 이유에서인지 우리 역사에서 일어난 가장 중요한 사건을 유럽이 만든 '근대'의 시작이라는 사실을 아주 당연하게 받아들이고 있고, 추호도 의심하지 않고 있다. 하지만 우리 역사를 가르치는 교과서는 '근대'가 왜 지체되었는지 학생들에게 설명하거나, '근대' 가까이 갈 수 있는 가능성이 우리 역사에도 있었다는 사실을 '홍보'하기 위한 책이 아니다. 역사란 것은 우리보다 먼저 이 땅에 살았던 사람들이 좀 더 나은 세상을 만들기 위해, 그래서 모두가 더 행복해지기 위해 어떻게 살아왔는지를 기억하고, 미래 세대가 잘못된 방향으로 가지 않도록 하기 위해 기록을 남기는 것이다. 개인의 주관적인 관점으로 과거에 근거 없는 '한계'를 설정하여 서양과 똑같은 역사를 갖지 못한 이유를 설명(?)하는 것이 역사교육의 목적이 될 수는 없다. 만약 지금까지 우리가 역사 발전의 기준을 주로 생산력의 증가나, 자본주의의 침투 등 소위 '근대'라고 불리는 시기와의 접근성에 두어 왔다면, 그렇게 된 배경과 이유는 무엇인지 되짚어 보아야 한다.

유럽산 '근대'의 보편화는 비유럽 세계의 역사에 무수한 역사적 '한계'를 부여했고, '전근대적이다'라는 말은 '발전하지 못했다'는 의미로 사용되고 있다. 이른바 '근대'라고 불리는 시기에 우리가 상실한 것은 우리 영토 내에 들어온 외국인에 대한 재판권과 관세자주권만이 아니었다. 우리의 눈으로 역사를 보는 방법도 함께 잃어버린 것이다.

---

34 루샤오펑 저, 조미원 외 역, 『역사에서 허구로』, 길, 2001, p. 259.

3. '객관'과 '실증'에 대한 강박

'역사 기록'의 가치는 무엇으로 평가되어야 할까? 객관성과 정확성일까? 아니면, 후대後代에 미치는 영향일까?

대부분의 경우 전자라고 답할 것이다. 그렇다면, 역사를 기록하는 사람들은 두 가지 중 무엇을 더 중요시했을까? 그것은 기록자가 누구이고, 언제, 어느 곳에서 역사를 기록하였는가에 따라 다를 것이다. 역사를 기록하는 사람이 처해 있는 상황이 기록의 '객관성과 정확성'에 영향을 미치기 때문이다.

동서양이 서로 달랐던, 역사와 허구 간의 거리

우리나라를 포함한 동아시아 지역에서 역사 기록의 원칙과 모범을 제시한 책은 공자가 노魯나라의 역사를 기록한 『춘추春秋』였다. 공자는 역사를 기록할 때 객관적인 사실을 정확하게 직필하며, 선악시비를 엄격히 포폄褒貶(칭찬하거나 비판함)해야 한다는 원칙을 세웠다. 그리고 『논어』를 통해 괴력난신怪力亂神(초자연적인 현상)을 입에 담지 않을 것과 술이부작述而不作(그대로 전하여 서술하되 지어내지 않음)의 태도를 강조하였다.[35] 따라서 중국의 역사 서술에서는 전통적으로 정사正史와 잡사雜史를 구분했고, 불완전한 왕조사나 소설작품, 일상생활 중 허구적 이야기들은 일종의 잡술雜術로 보아 신빙성을 부여하지 않았다.

---

35 루샤오펑, 같은 책, p. 79.

역사를 뜻하는 '사史'는 관리를 뜻하는 용어였으며, 특히 문서의 기록을 담당하는 관리를 일컫는 말이었다. 따라서 사관史官은 국가 관료제의 일부였고, 사관의 가장 중요한 임무는 임금이 말하고 행한 모든 것을 기록하는 일이었다. 역사를 기록하는 일은 객관성과 함께 개인적이고 주관적인 느낌을 억제할 것을 요구받았고, 허위진술을 모두 피해야 했다. 진리를 설파하기보다는 과거의 실재를 그 모든 특징과 함께 표현하는 것이 역사 기록의 역할이었고, 사실史實이 갖는 의미는 기록자의 '해석'이라는 비틀린 과정을 통해 발견되는 것이 아니라고 생각했다. 중국에서 역사 기록에 대해 '서사敍事(이야기 narrative)'라는 표현이 존재하지 않았던 것은 처음부터 패관稗官(후대에 소설가)에 의해 꾸며진 허구의 이야기와 국가문서로서 작성된 정사正史를 동일선상에 올려놓지 않았던 까닭이다.[36]

역사 기록이 국가의 정책, 혹은 제도 차원에서 이루어졌던 것은 우리나라의 경우도 마찬가지였다. 고구려가 초기에 『유기留記』라는 역사서 100권을 편찬하였는데 영양왕 대에 태학박사 이문진을 시켜 이것을 『신집新集』5권으로 간추렸다는 내용과, 백제에서 근초고왕 대에 박사 고흥이 『서기書記』를 편찬한 사실, 그리고 신라에서 이사부의 건의를 받아들인 진흥왕이 거칠부를 시켜 『국사國史』를 편찬하게 한 것은 모두 『삼국사기』의 기록을 통해 확인된다.

고려에서 거란 침입기에 실록이 불타버리자 다시 『7대실록』을 편찬한 것과, 김부식이 『삼국사기』를 편찬한 것도 모두 왕명에 의해 국가사업으로 이루어진 일이었다. 조선 초 『고려사』와 『동국통감』 등 역사서

---

36 루샤오펑, 같은 책, pp. 74~104.

의 편찬 역시 마찬가지다.

조선왕조의 역사를 연월일 순서에 따라 편년체로 기록한『조선왕조실록』은 사관이 작성한 '사초史草'를 기초자료로 하여 작성되었는데, 사관직은 과거에 합격한 젊은 관리들이 맡았고 이른바 '청요직淸要職'으로 분류되기도 했다.

그런데 유럽의 경우에는 역사 기록이 전혀 다른 방식으로 이루어졌다. 유럽에서는 역사 기록이 개인에 의한 문학적 서사narrative에서 출발하였고, 서사의 기본적인 특징은 작가의 (주관이 담긴) 목소리가 등장인물의 행위와 함께 등장하는 것이었다. 서구의 과학적 역사 편찬의 시조인 투키디데스Thucydides는 역사를 기록할 때 신빙성 있는 증거만을 쓰고자 노력했으나, 목격자들의 진술이 서로 다른 경우가 많은데다 자신이 직접 들었던 연설에서 사용된 말도 정확하게 기억하기 어려웠다고 고백했다.『로마사』를 저술한 리비우스Titus Livius Patavinus 역시 역사에서 허구와 사실을 분리해 내는 작업의 어려움을 토로한 바 있다.

아리스토텔레스Aristotle는 서사의 특징이 소설의 구조와 같이 '시작-중간-결말'의 구조를 갖는다는 점을 지적했고, 프랜시스 베이컨Francis Bacon은 역사 속 행위나 사건들은 대개의 경우 인간의 마음을 만족시킬 정도가 아니기 때문에 이것을 마음이 만족할 만한 도덕적이고 미학적인 수준으로 고양시키는 역할을 문학이 담당해야 한다고 생각했다. 라이오넬 가스먼은 (유럽에서) 오랫동안 역사와 문학의 관계는 그렇게 문제가 되는 것이 아니었다고 하며, 역사를 문학의 한 부분으로 평가했다.[37] 미국의 역사철학자 헤이든 화이트Hayden White : 1928~2018가 역

---

37 루샤오펑, 같은 책, pp. 45~65.

사와 허구로 꾸며낸 이야기fiction 사이의 경계를 부정하게 된 것은 본
질적으로 이러한 성격을 지닌 역사 기록을 토대로 연구를 진행하였기
때문으로 보인다.

잘못된 만남이 초래한 비극

문제는 아편전쟁(1840~42)으로 제국주의 열강의 물리적 우위가 증
명되면서, 서양의 부강富强함이 그들의 사상과 학문에 의한 것이라는
다분히 동양적인 사고를 하면서부터 시작되었다. 열강의 압도적인 무
력에 충격과 절망을 느낀 조선의 지식인들 가운데 상당수는 유럽이 그
들의 침략을 정당화하기 위해 만든 '사회진화론'[38]을 기꺼이 수긍하는
경향을 보였고, 비단 과학기술과 정치제도 등 외형적인 부분에서 서양
의 우수성을 인정하는 것을 넘어, 학문과 사상, 윤리, 철학 등 정신적인
면에서도 '서양은 옳고, 우리는 틀렸다'는 확신을 가졌다.

일제의 침략으로 '식민지'라고 하는 일찍이 경험하지 못했던 치욕을
겪게 된 조선인들은 어떻게든 그 상태를 벗어나려 했고, 목적을 이루기
위해서는 서양의 학문을 배워서 실력을 키워야 한다고 생각했다. 우리
역사를 마르크스의 유물론적 역사관과 랑케의 실증주의에 입각해서
연구하려는 노력은 이러한 상황을 배경으로 이루어졌다. 그러나 서양

---

38 19세기 찰스 다윈이 발표한 생물진화론에 입각하여, 사회의 변화와 모습을
해석하려는 견해로 허버트 스펜서가 처음 사용한 개념이다. 그 후 19세기부
터 20세기까지 크게 유행하였다. 사회진화론은 인종차별주의나 파시즘, 나치
즘을 옹호하는 근거와 신자유주의의 경제적 약육강식 논리에 사용되기도 하
였다. 따라서 오늘날에는 주로 극복해야 할 사상으로 언급된다(자료 출처 :
https://ko.wikipedia.org/wiki/사회진화론).

의 사상과 학문은 모두 과학적이고 우수한 데 비해 우리의 것은 전부 다 비과학적이고 열등한 것이라고 믿으면서 서양의 다분히 '자기중심적인' 학문 사조를 무비판적으로 수용한 것은 대단히 위험한 일이었다.

역사가가 '객관적 사실'만을 기록해야 한다는 랑케의 주장은 누구도 반박하기 어려운 주장이었다. 특히 자료의 광범위한 위조로 인해 역사 연구에 어려움이 많았던 유럽에서는[39] 기록의 객관성을 확보하지 않고서는 문학과 신학 등 다른 학문에 종속되어 있는 역사학의 위상을 바꾸기 어려웠다. 따라서 19세기 독일의 역사가 랑케Leopold von Ranke는 '객관적 사실'만을 기록할 것을 강조하였고, 그의 공헌으로 역사학은 하나의 독립된 학문으로 자리 잡을 수 있었다.

랑케로 인해 자립의 발판을 마련한 유럽의 역사학은 계속해서 발전

---

39 호르스트 푸어만의 『중세로의 초대』를 보면, 우리에게 전승된 메로빙 왕들과 관련있는 문헌 100종 정도가 가짜이며, 카를루스 마그누스에 관한 270여종의 원전 서류 중에서 100종 정도가 가짜라는 충격적인 사실을 알게 된다. 교회 관련 문서도 385년에 처음으로 교황의 진짜 교서가 나왔고, 이전 것은 다 가짜로 밝혀졌다. 9세기 중엽 이시도루스 메르카토르라는 사람의 명의로 된 『이시도루스 교회법령집』은 초기 교회와 교황들의 편지를 모은 것인데, 이 또한 집단으로 날조된 것이었다. 그런데도 이 문서는 오늘날 교회법에 여전히 효력을 미치고 있다. 사료에는 가짜가 많으므로 비판과 검증이 반드시 필요하다. … 그렇다고 해서 가짜를 전부 부정할 필요는 없다. '가짜'를 양산한 것도 그 시대의 특징이므로, 진짜보다 더 역사의 진실에 가까울 수 있는 것이다. … 서양의 중세 기록은 … 산문 형식으로 종합적인 설명을 해주는 설화적 역사나 연대기가 있다. 두 번째로 정부의 공문서가 있는데, 왕실, 궁정, 법원 등에서 나오는 문서들이 이에 해당된다. 세 번째는 개인의 편지글과 같은 사적 기록이다. … 9세기 프랑크 왕국의 역사가 아인하르트가 쓴 카롤루스 대제 전기부터 시작하여 여러 국가의 수다한 지배자들의 전기 사료가 남아 있다. … 세속적인 연대기나 역사 이야기도 전해진다. 물론 중세기에 역사와 창작 사이의 경계는 인식되지 않았다. 트로이 전설은 윌리엄 1세 만큼이나 역사로 간주되었다. … 설교, 유언장, 서한 등도 있다(김창성, 같은 책 2권, pp. 9~15).

하여 20세기 초에 들어와서는 랑케를 극복하기 위한 노력들이 활발하게 이루어졌다. 관념론자들은 역사가의 '해석'을 강조하며 역사 기록에서 주관적인 영역을 확보하려고 노력했고, 정치사 위주의 역사를 추구했던 랑케와 달리, 사회사와 경제사 분야에 관심을 가지며 계량적인 자료를 중시하는 경향도 나타났다.

랑케식의 '실증'과 '객관'에 대한 강조는 20세기 초 우리나라의 역사학에 크게 영향을 미쳤다. 일제강점기에 일본 역사학자들이 우리에게 이것을 전파시킨 것일 수도 있고, 우리나라의 전통적인 '유교적 합리주의'가 랑케의 '객관적 실증주의'를 만나 시너지를 일으킨 결과로도 볼 수 있는데, 사실의 객관성을 건물의 높이에 비유한다면 이미 충분히 높았던 고층 건물에 층수를 한껏 더 높인 셈이었다.

문제는 우리나라 역사 기록의 성격은 유럽과 많이 다르다는 점에 있었다. 동양은 역사 기록의 주체와 원칙, 작성 과정 등 모든 면에서 서양과 차이가 있었고, 그 차이가 무시할 수 없을 정도로 크다고 할 수 있다. 유럽의 역사 기록 가운데에는 사실 여부를 확인하기 어려운 전언傳言과 구전口傳에 의한 기록은 물론, 음유시인의 노랫말에 상상을 더한 기록도 많았지만, 유럽인들은 이러한 기록을 바탕으로 해서라도 과거에 있었던 일을 최대한 밝힐 수밖에 없다. 그들에게 수사修辭와 서사는 모든 문화의 보편적인 특징이었고, 역사와 서사의 경계는 처음부터 모호한 것이었다. 따라서 역사가의 '해석'과 '역사적 상상력'은 비난이나 배척의 대상이 아니었고, 역사 연구의 방법으로 널리 받아들여지고 있었다. 랑케가 '객관적 사실'만을 기록하라고 강조했던 것은 이런 사정을 감안했던 것이고, 역사 서술이 문학작품의 하나로 취급되지 않으려면 기록자의 주관이 어느 정도 절제될 필요가 있는 것이 사실이었다.

반면 우리나라의 경우는 전혀 사정이 달랐다. 우리의 역사편찬에 작동한 '유교적 합리주의'의 수준을 가장 잘 보여주는 역사서가 바로 『조선왕조실록』(이하 '실록'으로 표기함)이다. 역사 기록이 기록자의 주관적인 생각과 그가 처해 있는 상황의 영향을 받지 않을 수 없다는 점을 십분 인정하더라도, '실록'의 기록은 그 사실史實의 객관성과 정확성 면에서 단연 세계 최고 수준이라고 자부할 수 있을 정도다.

'실록'의 편찬은 국왕이 붕어하게 되면 그의 치세治世 내내 (사관이 입시하여) 작성해 온 사초史草를 바탕으로 하여 이루어졌다. 사관이 사초를 작성하는 데 있어서 얼마나 엄정한 태도를 가졌는지 알려주는 일화로 태종의 낙마 사건과 관련된 이야기가 유명하다. 태종이 실수로 말에서 떨어지고 나서 좌우를 돌아보면서 '사관이 알게 하지 말라'고 하였는데 그 말까지 그대로 실록에 기록한 것이다.[40] 이렇게 기록된 사초에 사관 개인의 감정이나 생각을 포함시키는 것은 허용되지 않았으며, 드물게 주관적인 논평을 가미하는 경우에도 반드시 '사관왈史官曰'로 시작하여 자신의 사견私見임을 밝히도록 하였다. 『조선왕조실록』 전체에서 사관이 개인적인 견해를 밝힌 사례는 총 57회에 불과하다. 사관이 자료를 의도적으로 넣거나 빼는 것도 위험한 일이었다. 연산군 대에는 사관 김일손이 자신의 스승인 김종직의 '조의제문弔義帝文'을 사초에 포함시킨 것이 빌미가 되어 무오사화戊午士禍가 일어나기도 했다. 이 일로 김일손은 결국 처형되었으며 그의 스승이었던 김종직의 시신까지도

---

40 "(임금이) 친히 활과 화살을 가지고 말을 달려 노루를 쏘다가 말이 거꾸러짐으로 인하여 말에서 떨어졌으나 상하지는 않았다. 좌우를 돌아보며 말하기를, '사관(史官)이 알게 하지 말라.' 하였다."(『태종실록』 7권, 태종 4년 2월 8일 기묘).

김일손을 배향한 함양 청계서원

훼손당하였다. 기록의 객관성과 정확성을 보장하기 위해 조선의 국왕은 선대왕의 실록 편찬에 관여하는 것이 금기시되었고, 사관의 직필은 임금마저도 두려워해야 할 대상으로 여겨졌다.

사초의 작성과 이것을 국왕 사후에 실록으로 만드는 과정에는 여러 사람이 참여했는데, 이들이 모두 이해관계를 같이 하기란 사실상 불가능에 가까워서, 상호 간에 견제와 감시도 이루어졌다. 게다가 실록을 편찬하는 작업은 다음 임금 대에 이루어지는 일이므로, 자신의 직접 경험에 의해 기록의 사실 여부를 검증할 수 있는 사람도 있었다. 이런 상황에서 개인의 의도대로 사실을 훼손하는 일이 일어날 확률은 거의 없었다고 해도 과언이 아닐 것이다.

역사 기록에 있어 이처럼 엄정한 자세를 강조해 온 우리 입장에서 보앗을 때, 랑케의 '객관적 실증'에 대한 강조는 (극복의 대상이라기보다는) 매우 합당한 주장이었다. 그리고 식민지 현실 속에서 우리가 스스로 강해지기 위해서는 더욱 과학적인 역사 연구가 필요하다는 주장은 누가 들어도 잘못된 것이 아니었다.

문제는 '실증'에 대한 지나친 강조[41]가 가져온 결과였다. 기록이 없는 부분에 대한 합리적 추론이나 역사적 상상력을 봉쇄한 것은 물론이고, 다른 사서史書와 불일치하는 기록이나 현대의 상식으로 해석되지 않는 기록은 모두 기록자의 의도에 의해 왜곡된 것으로 여기는 경향이 자리 잡게 된 것이다. 우리 역사에 대한 비판과 검증 작업이 일종의 한도 초과 상태에 이른 것으로 보인다.

역사 기록은 본래 그것이 역사적 사실fact임을 증명하기보다 의심할 여지가 있다고 주장하는 것이 훨씬 더 쉽다. 현대의 기준에 비추어 합리적이지 않다거나, 중국 등 다른 나라의 역사 기록과 차이가 있다고 해서 무조건 불신하고 우리의 역사 기록을 믿지 않으려고 하는 태도는 재고해 보아야 한다. 다른 나라의 역사 기록도 자기들 입장에서 의도

---

41 오타 히데미치(太田秀通)는 객관적 실증주의에 의한 연구 방법론에 대해 미확정 부분에 대한 추정이나 유추를 하는 경우에도 사료의 외적 비판 및 내적 비판이 이루어져야 하며, 그런 추론에 의한 사실의 추정은 전체 연구의 재료를 정선하는 과정일 뿐이라고 설명했다. 그는 이러한 일련의 비판을 통해 만들어진 결과가 바로 순서성과 가신성(믿을 수 있는 가능성)을 중심으로 배열된 연구 재료이고, 이것은 1차적 재료의 선별과 정비 과정에 불과하며, 연구는 여기에서 시작해야 한다고 하였다. 역사학에서 인간의 환상에 흔들리지 않는 과학적 연구가 필수적이며, 이론에 조금이라도 오류가 있으면 실천에 있어서 반드시 대가를 치른다고 주장하였고, 역사학에 대해 과학적 인식에 도달할 것을 요구였다. 사회병리를 깊이 탐구해야 병리로부터 사회를 해방할 수 있고, 인류 해방과 세계의 항구 평화를 위해 역사의 과학적 인식이 요구된다는 것이다. 즉 역사학에 대한 최고의 사회적 요구는 곧 최고의 과학성에 대한 요구였다(太田秀通, 같은 책 I, pp. 93~98).

적으로 썼거나 잘못된 정보에 바탕을 두고 기록되었을 가능성도 있다. 어떤 구체적인 사료의 신빙성 여부에 대한 결론은 이에 대한 구체적인 검토를 해본 뒤에 내려져야 할 성질의 것이다. 후대의 상식에 입각해서 약간의 문자상의 차이나 혹은 몇 가지 이설의 존재에 당황하여 이를 일률적으로 불신하는 태도를 버리고, 관계되는 사료들을 대국적으로 보는 눈이 필요하다.[42]

'실증'에 대한 강박은 우리 역사 연구에서 '역사적 상상력'을 사실상 퇴출시키는 결과를 초래했다. 기록이 있어도 철저히 선별해서 믿어야 하는 처지에, 기록이 없는 부분에 대해 상상하는 것은 역사에 대한 일종의 패륜 행위와 같이 여겨질 수밖에 없었다. 가장 피해가 심한 분야는 기록이 가장 적게 남은 고대사였다. 신빙성 있는 기록에 명확한 증거까지 더해지지 않고서는 대부분 '믿을 수 없는' 이야기로 치부되었기 때문에 우리 역사의 영역과 발전에 관한 연구는 심하게 위축될 수밖에 없었고, 기록을 통해 확인할 수 없는 다양한 가능성은 비록 연구자의 마음속에 아이디어가 떠오른다고 하더라도 가설을 세우는 것조차 힘들어졌다.

남의 눈만 믿었다가 …

한편, '객관적 사실'을 지나치게 강조하는 경향이 우리 역사 연구에 미친 영향 역시 적지 않았다. 국가에서 작성한 정사正史는 당연히 자기들의 행위를 미화했을 것이라는 전제하에 해석되었고, 비슷한 시기에

---

42 이기백, 『신라정치사회연구』, 일조각, 1974, p. 4.

작성된 다른 나라의 기록을 더 신뢰하는 경향도 은연중에 나타났다. 이처럼 우리 자신보다 외국인의 시각이 더욱 '객관적'일 것이라는 확신은, 외국인들이 자기들에게 '낯선' 것을 '후진적인' 것으로 인식할 가능성에 대해 경계심을 가질 수 없게 만들었다.

우리 역사에 대한 긍정적인 평가가 자국사에 대한 미화로 비쳐질 위험성이 커지면서, 평가가 박할수록 더 객관적인 역사 서술로 받아들여질 가능성이 동시에 커졌다. 이에 따라 역사의 진실은 과거 우리 민족이 이룩한 업적보다는 그 문제점과 한계 속에 숨어 있다는 믿음이 싹텄고, 공功보다는 과過가, 보이는 것보다는 보이지 않는 것이, 밝은 면 보다는 어두운 면이, 널리 알려진 사실보다는 알려지지 않았던 사실이 더욱 진실에 가깝다는 선입견이 확산되었다.

이처럼 우리 자신의 역사를 감추거나 포장하지 않고 '부정적인' 측면을 드러내는 것이 더욱 '객관적인' 태도라는 생각은, 우리 역사에 구체적인 근거도 없는 '한계'를 설정하는 작업을 객관적인 분석으로 착각하게 했고, 우리 역사를 우리의 시각에서 보려는 시도는 '편협한 민족주의'의 산물로 인식되게 만들었다.

특히 신채호, 박은식 등으로 대표되는 민족주의 역사학은 그 탄생의 배경이 우리 민족의 독립에 대한 열망에 있었다는 점에서, 태생부터 객관성과 실증성을 인정받기 어려웠다. 여기에 '민족' 개념에 대한 강조가 독재권력 강화에 일조하였고, '민족'이라는 개념이 유럽에서 근대국민국가가 출현하는 과정에서 의도적으로 만들어진 것이라는 주장이 설득력을 얻게 되면서, '민족'과 '민족주의'에 대한 경각심은 한층 더 높아졌다.

과거에는 독립과 통일을 위해 나름대로 역할을 수행해 온 '민족'이,

이제는 우리를 세계화의 추세로부터 고립시키고 다원화된 사회로 나아가지 못하도록 발목을 잡는 일종의 방해물로 여겨지게 된 것이다.

'민족'에 대한 이러한 인식의 변화는 학교 역사교육에도 영향을 미쳤다. '국사國史'라는 과목명이 사라지고 '한국사'로 바뀌게 된 것도 이러한 경향과 무관하지 않다. 2000년대 중반에 진행되었던 교육과정 개정에서 '국사'라는 과목명이 도마 위에 올랐었다. 지구상에 많은 국가들이 있는데, '국사國史'를 당연히 '우리나라의 역사'로 인식하는 것은 지나치게 자국사 중심주의적이라는 것이다. 논의가 진행된 끝에 결국 세계화의 시대에 맞지 않는 '국사'라는 과목명은 7차 교육과정이 종료된 2010년을 전후하여 더 이상 학교에서 찾아볼 수 없게 되었고, 대신에 우리 역사도 '미국사', '일본사'와 같이 '한국사'라고 부르게 되었다. 자기들의 역사를 곧 '세계사' 전체로 인식하는 지역에 비해보면, 우리의 자국사 인식은 놀라울 정도로 선진적(?)이다.

'국사'가 국수주의적인 과목명이면 '국민'이란 단어도 쓰지 말고 '한국인'으로 바꾸어 불러야 한다는 주장도 나올 법한데, 아직까지 '국민'이란 단어가 배타적 민족주의의 산물로 인식되는 일은 없는 것 같다. 편협한 민족주의자들(?)의 입장에서는 그나마 '국어'가 '한국어'로 바뀌지 않은 것만도 감사할 일이다.

'국사'가 '한국사'로 바뀐 뒤, 민족주의적 언어로 가득 차 있는 역사교과서에 글로벌하고 객관적인 시각을 담기 위한 노력은 역사용어 쪽으로도 확산되었다. 예를 들어 '임진왜란王辰倭亂'의 경우, '왜란'이라는 용어가 일본을 비하하는 의미가 있고, 또 지나치게 우리 입장에서만 붙여진 명칭이기 때문에 적절하지 않다는 비판이 제기된 것이다. 일본에서는 이 전쟁을 당시 일본의 연호를 붙여 '문록文祿·경장慶長의 역役'이라고 부르고, 중국에서는 '항왜원조抗倭援朝전쟁'이라고 부르는데, 이런 용어들은 모두 자국사의 입장만을 반영한 것이라서 잘못되었으니, '중립적인' 용어를 사용하자는 주장이었다. 하지만 여기에 대해서는 전쟁 당시에 '임진왜란'으로 불렸다는 사실과, '임진전쟁'이라고 할 경우 '임진년'이 60년마다 한 번씩 돌아온다는 문제, 그리고 '조일전쟁'이라고 명명할 경우 전쟁에 참여한 중국이 배제되는 문제 등이 논란이 되어 '임진왜란'이란 사건명은 극적으로 살아남을 수 있게 되었다.

그런데 중국과 일본에서는 이런 고민을 한 번이라도 해 본 경험이 있을까? 만약 그들이 이 문제에 대해 한 번도 생각해 보지 않았다면, 우리만 이 문제에 대해 논쟁해야 할 이유는 없을 것 같다. 이런 고민은 전쟁에 참여했던 동아시아 3국이 함께 해야 의미를 가질 수 있다고 생각된다.

'왜란倭亂' 혹은 '왜변倭變' 등은, 그 사건이 일어난 당시 우리 역사 기록에서 사용된 용어이고 오랜 세월 그렇게 기억되어 온 사건이다. 기록이 이렇게 되어 있음에도 불구하고 이 사건을 '임진전쟁', '조일전쟁' 등으로 바꾸어서 불러야 한다는 주장이 제기된 것은 자국사 중심의 역사인식이 잘못되었다는 전제를 가지고 있기 때문이다. 그러나 우리 역사를 가르치는 우리나라의 교과서에서 우리 민족의 기억을 배제하고 제3자적 시각을 심어주고자 노력하는 것이 과연 타당한 일인지에 대해서는 고민해 볼 필요가 있다. 그리고 이렇게 '중립적'이고 좋은 시각을 다른 나라에서는 왜 채택하고 있지 않은지에 대해서도 생각해 보아야 한다. 글로벌한 세계시민이 되는 것도 중요하지만, 우리가 누구인지를 아는 것도 마찬가지로 중요하기 때문이다.

내가 하면 '한계', 남이 하면 '발전'?

우리 역사 교과서에 구체적인 근거도 없이 무수한 '실패'와 '한계'를 설정하고, 이것을 마치 역사적 '사실史實'인 것처럼 암기하게 하는 것도 '객관성'에 과도하게 경도된 결과로 보인다. 대표적인 사례가 신라의 삼국통일에 대한 평가 부분이다. 삼국통일의 '한계'로서 해방이후 지금까지 교과서에서 변함없이 강조되고 있는 내용이 바로 통일전쟁 과정에서 신라가 외세(당)를 끌어들였다는 것과 대동강 이북의 영토를 상실했다는 것이다.

그런데 이것이 정말 '한계'인가? 신라가 당과 손을 잡았고 대동강 이북 영토를 당에게 넘겨주기로 한 것은 (중국의 사서를 통해 증명되지는 않지만) 역사적 사실fact일 것이다. 하지만 그것이 '한계'라는 주장은 개인의 주관적인 생각에서 비롯된 것이다. 국제적으로 고립될 수 있는 위기 상황에서 중국과 동맹이라는 외교적 전략을 통해 국가적 위기를 극복하고 수백 년간 분열되어 있었던 삼국을 통일로 이끌었다고 보는 것이 오히려 더 상식적인 해석일 수 있다. 누구나 다 생각할 수 있는 일이지만 삼국통일 당시에 신라가 당과 손을 잡지 않았다면 아마도 신라는 망했을 것이다. 본래 신라의 영토도 아니었던 대동강 이북의 땅을 잃지 않기 위해 당과의 동맹을 고려하지 않고 자국을 멸망으로 이끄는 것은 있을 수 없는 일이다.

가정이긴 하지만 만약 이런 정도의 통일이 7세기 유럽에서 일어났다면 유럽에서는 어떻게 평가했을까? 유럽은 1세대를 제대로 못 넘기고 다시 분열 상태에 빠진 카를루스 2세의 불안하기 짝이 없는 통일에 대해서도 찬사를 아끼지 않고 그를 '대제大帝(Magnus)'라고 부르며 칭송한다. 통일전쟁을 시작한 '무열왕'에 대해서는 '태종'이라는 묘호가 바쳐지고 김유신은 신라인들에게 무한한 존경을 받았지만, 해방이후 지금까지 삼국통일에 대한 평가는 거의 한결같이 '한계'를 더 강조하고 있다. 우리가 우리 역사를 과연 '객관적으로' 평가하고 있는 것이 맞는지 생각해 보게 되는 대목이다.

우리 역사에 대한 이러한 객관적인(?) 분석과 평가는 역사의 전 시기에 걸쳐 일관되게 이루어지고 있다. 이런 경향은 특히 조선시대로 가면 더욱 두드러지는데, 전세田稅를 개혁한 공법貢法과, 공납을 개혁한 대동법, 그리고 군역을 개혁한 균역법은 모두 지배층의 이해利害와 크게 상충하는 법이었으므로 그 추진 과정에서 양반 관료들의 반대가 극렬했다. 그래서 공법을 추진한 세종과 균역을 추진한 영조는 백성들의 여론을 모으는 방법을 동원했고, 대동법은 경기도부터 시행되기 시작해서 100년에 걸쳐 꾸준히 확대되었다. 세계사를 통틀어서 보아도 지배층의 이익을 이렇게 침해하며 백성들의 부담을 덜어주려 한 획기적인 세제稅制의 개혁은 찾아보기 어려울 것이 분명한데, 우리는 이런 역사적 사실에 대해서도 '한계'를 찾느라 분주하다. 그리고 그렇게 열심히 작업한 결과 무엇을 찾았는지 구체적인 사례는 밝히지도 않으면서 대동법도 균역법도 다 제도가 운영되는 과정에서 '폐단'이 발생하여 결국에는 가난한 농민들에게 부담이 모두 전가되었다는 식의 서술이 종종 눈에 띈다. 하지만 이러한 제도의 개혁으로 농민들의 부담이 전보다 더 늘었다는 내용의 사료는 어디에서도 찾아볼 수 없다.

'실록'을 통해 확인되는 사실은 세종이 과거 1결의 토지에 30두를 내게 했던 전세를 최저 4두까지 줄이려고 법을 추진하는 과정에서 전국의 17만여 명의 관민들에게 찬반을 물었다는 것과, 균역을 통해 백성들의 군포 부담을 줄이려는 영조의 집념이 "나라가 망하는 한이 있더라도" 이 법만은 시행해야 한다고 말할 정도였다는 것, 그리고 대동법을 폐지하려고 할 때마다 가난한 농민들이 이 법을 환영하기 때문에 절대로 폐지해서는 안 된다는 간절한 내용의 상소가 있었다는 것이다. 호서대동법이 실시된 지 20년이 지난 뒤인 숙종 즉위년(1674년)에 조현기가 대동법을 평안도와 황해도에도 확대할 것을 주장하며 올린 상소에는 "호서대동법을 실시한 지 20년이 되는데 백성들이 모두 편하다고 합니다. 능히 잘 유지하면 어찌 나중에 폐단이 있겠습니까?"라는 말이 보인다.[43] 이때는 평안도와 황해도를 제외한 전국에 이미 대동법이 실시되고 있는 시기였고 대동법이 '경기선혜법'으로 처음 시작된 시기로부터 60여 년이 지난 뒤였다. 대동법이 운영이 잘 되지 않아 폐단을 초래했다는 주장은 근거가 없다. 오히려 그 성과에 대한 우리 교과서의 평가가 과연 '제대로' 이루어진 것이 맞는지 생각해 보아야 한다.

이뿐만이 아니다. 성리학은 조선 건국의 이념적 기반으로서의 의미보다 실학에 의해 극복되어야만 했던 문제적 학문으로서의 의미가 훨씬 더 부각된다. 심지어 실학자들 역시 결국 성리학을 공부한 사람들이었다는 점이 '한계'라는 이야기도 있다. 소위 '근대국가' 수립을 위해 전개되었던 모든 개혁과 노력들(갑신정변, 갑오개혁, 독립협회, 광무개혁, 동학농민운동)은 전부 무엇인가 내재적인 '한계'가 있었고, 의병항쟁마저도 양반 출신의 의병장이 많았다는 것이 '한계'로 지적된다. 하지만 조선왕조 전시기에 걸쳐 과거시험을 통해 일반 양인이 관직에 올라 양반이 될 수 있는 길은 열려 있었고, 4대조 중 문과에 합격한 조상이 없

---

43 이정철, 『대동법, 조선 최고의 개혁』, 역사비평사, 2016, p. 282.

으면서 족보가 아예 없거나 족보에 기록조차 되어 있지 않은 낮은 신분 출신의 사람들 가운데 과거시험에 합격한 사람의 평균 비율이 고종대에 58%에 이르렀다는 연구 결과[44]를 감안하여 본다면, 의병장 중에 전현직 관료 출신이 많았던 것이 왜 '한계'로 지적되어야 하는지 이해하기 어렵다.

유럽에서는 흑사병이 유행하여 인구의 3분의 1이 사망해도 그 덕분에 노동력이 부족해져서 농노의 지위가 상승하고, 크리스트교가 분열을 일으켜도 종교 '개혁'이 되며, 종파 간의 대립 때문에 수십 년간 참혹한 전쟁을 해도 그 결과 유럽세계에 '종교적 관용'이 자리 잡았다고 설명하는 것과는 매우 대조적이다.

아메리카로부터 금과 은을 빼앗아와 극심한 인플레이션이 장기간 지속되어도 가격 '혁명'이고, 청교도들에 의해 유혈폭력사태가 일어나도 '혁명'이다. 게다가 대부분의 사건명에서 '유럽'이라는 지역적 범위는 아예 밝히지도 않는다. 산업혁명, 종교개혁, 가격혁명, 과학혁명, 상업혁명 모두 '유럽의'라는 말이 붙지 않아도 전혀 상관없다. 유럽에서 일어난 일은 대부분 세계적으로 영향을 미치기 때문에 유럽사가 곧 세계사가 될 수 있기 때문이다.

신기하게도 유럽에서 일어나면 분열이든 전쟁이든 뭐든 다 역사의 '발전'만을 가져온다. 이렇게 역사 속에서 발전만 거듭하고 있는 비결이 진정 유럽인들의 역사가 우월해서 그런 것인지, 아니면 그들의 뛰어난 작명기법과 초긍정적인 역사관 덕분인지 알 수 없는 노릇이다.

유럽인들이 유럽 지역에서 일어난 사건을 역사의 상승곡선에 올려

---

44 한영우, 『과거, 출세의 사다리』 1~4권, 지식산업사, 2013.

놓는 기술과, 우리가 우리 역사에서 일어난 사건들을 역사의 하강곡선에 배치하는 능력을 절반씩만 섞으면, 아주 이상적인 역사관이 탄생할 것 같다.

어느 곳에 서서 역사를 볼 것인가?

우리가 우리 역사에 대한 평가를 이렇게 박하게 하게 된 까닭은 어디에 있을까? 앞에서 이야기한 유교적 합리주의와 실증주의 역사학의 잘못된 만남이 원인일 수도 있다. 하지만 그것과 더불어 일제가 강요했던 식민사관에도 상당한 혐의가 있다고 생각된다.

식민사관은 일제가 의도적으로 우리에게 주입하기 위해 만든 역사관이다. 우리 역사를 폄하하기 위해 만들어진 것으로 가성비가 대단히 높은 방법이기도 하다. 타율성론, 정체성론, 당파성론 등이 대표적인데, 우리는 지금까지 역사적 사실을 바탕으로 이러한 주장이 오류이고 왜곡임을 하나하나 '실증적으로' 밝혀 왔다. 그러나 식민사관에 대한 극복은 식민사관에서 근거로 사용한 역사적 사실의 실체를 부정하는 것만으로는 성공할 수 없다.

식민사관을 통해 일제가 의도했던 것은 우리 역사는 곳곳에 내재적 한계가 숨어 있으며, 그로 인해 우리 역사는 필연적으로 쇠망의 길을 걸을 수밖에 없다는 인식을 심어주는 것이었다. 이를 위해 일제는 우리 역사상 중요한 장면들을 왜곡하고 훼손하는 작업도 물론 하였지만, 우리 스스로 역사 연구의 태도를 바꾸게 하는 일도 동시에 추진했다. 우리 민족의 장구長久한 역사에 일일이 프레임을 만들어서 씌우는 일은 지난至難한 일이니, 우리 스스로가 우리 역사를 최대한 '비판적으로' 볼 수 있게 유도한 것이다.

만약 A라는 사람이 무대 한 가운데에 서 있고, 이를 여러 사람들이 지켜보고 있다면, 어느 쪽에 조명을 비추고, 주변을 얼마나 어둡게 하느냐에 따라 A의 모습이 좀 다르게 보일 수는 있다. 화장을 어떻게 하고 어떤 옷을 입었느냐에 따라 다르게 보이는 부분도 있을 것이다. 하지만 이것만으로는 A의 신장을 달라 보이도록 만들거나 아예 알아 볼 수 없을 정도로 전혀 다르게 보이도록 하는 것은 불가능하다.

A를 실제 모습과 완전히 달라 보이게 하려면, 보는 사람의 위치를 바꾸는 것이 훨씬 더 쉽고 효과적인 방법이다. A를 보는 사람이 A와 완전히 같은 높이에 서서 A의 정면을 바라보고 있다면 A의 모습이 제대로 보일 것이다. 하지만 A를 수직으로 내려다보고 있다면 정수리만 보일 것이고, A를 45도 정도 기울어진 경사면 아래에서 올려다보고 있다면 A의 다리가 훨씬 더 길어 보일 것이다. 수직으로 올려다보고 있다면 발바닥만 보일수도 있다. 결국 A를 아예 알아볼 수 없을 만큼 다른 모습으로 보이도록 하기 위해서는, 보는 사람의 위치를 바꾸는 것이 시간도 더 짧게 걸리고, 품도 덜 드는 방법이다.

식민사관이 했던 일은 우리 역사가 못나 보이도록 조명을 어둡게 하는 작업까지 했을 수는 있어도 머리부터 발끝까지 변장을 시키는 데에는 성공하지 못했다. 그들은 한다고 했겠지만 적어도 그 작업을 다 끝낼만한 시간은 갖지 못했다. 우리의 독립이 일제의 예견보다 훨씬 더 빨랐기 때문이다.

수천 년의 역사를 짧은 시간 안에 모두 왜곡하거나 변조하는 것이 불가능하다는 것은 일제 사학자들도 잘 알고 있었다. 그래서 그들은 우리 역사에 대한 변조작업과 동시에 우리가 우리 역사를 바라보는 시각을 바꾸는 작업도 동시에 추진했다. 서양의 선진적인 이론을 소개해 주는 것도 좋은 방법이었다. 그 결과 우리는 우리의 과거를 '더' 객관적이고, '더' 비판적인 시각으로 바라보게 되었고, 우리 국사國史에는 수많은 '한계'가 덧씌워졌다.

유사 이래로 단 한 번도 외적에 의해 국호國號를 잃어 본 경험을 당해 본 적 없었던 우리 민족이었다. 그런 우리 민족이 일제에 의해 국토 전체를 강탈당했다는 사실은 우리가 스스로 가져왔던 신뢰와 자존심을 죄罪와 욕辱으로 만들기에 충분했다. 민족적 자부심이 높았던 만큼 그것이 깨어진 상처도 컸던 것이다.

그러나 모든 잘못된 결과의 책임을 우리 역사의 내재적 '한계'의 탓으로 돌리는 것은, 그렇게 말하는 사람의 시각이 객관적인 것처럼 보이게 하는 데에는 효과적일 수 있어도, 그 근거와 논리의 정확성을 담보하기는 어렵다. 스스로에 대해 비판적인 태도를 갖는 것도 좋지만 우리가 그러한 시각을 갖게 된 경위에 대해서도 한번쯤은 곰곰이 따져 볼 필요가 있다.

우리가 '객관적' 혹은 '보편적'이라고 인식하는 타자의 시각 또는 '글로벌'한 시각으로 역사를 보았을 때, 수혜자와 피해자가 과연 누구인지도 생각해 보아야 한다. 인간이 나와 남에 대해 완벽하게 객관적인 시각을 가지는 것이 어려운 까닭은 내가 처한 환경과 가치관 등이 나의 생각과 판단에 영향을 미치지 않을 수 없기 때문이다.

역사 인식에 있어서 자기 자신을 완전히 버리고 모든 인류를 똑같은 시선으로 바라볼 수 있는 '사람'은 존재하지 않는다. 이제는 우리가 우리 자신의 역사를 누구의 시선에서 보려고 노력해왔는지에 대해 돌아볼 때도 된 것 같다. 우리와 아무런 이해관계가 없는 제3자, 심지어 우주인의 시각이라고 가정되는 그 어떤 시각도, 완전히 '객관적'이라고 확신하기는 어렵다. 그들 역시 무의식적으로 자신에게 친숙한 사실과 낯선 사실을 세련됨과 미개함으로 치환해버릴 위험에서 자유롭지 않기 때문이다. 타자의 시각에서 우리를 바라보려는 노력에 과몰입하기 전에, 우리의 시각을 되찾으려는 노력도 함께 기울여야 한다.

4. 우리 눈으로 다시 본 조선의 정쟁政爭

우리 역사가 특수해진 이유

서로 다른 지역에서 서로 다른 모습의 역사가 전개되는 것은 지극히 정상적인 현상이다. 만약 서로 멀리 떨어진 두 지역이 같거나 거의 유사한 역사를 가졌다면 그것이야말로 기적에 가까운 일이고 설명이 필요할 것이다. 이처럼 당연한 상식을 부정하고 특정 지역의 역사를 '보편적'이라고 주장한 것은 세상에서 가장 오만한 억지였다.

비록 학문적 선진국에서 만들어진 이론이라고 해도 남들이 그들의 역사를 연구하는 과정에서 도출해낸 이론을 우리 역사에 무리하게 적용할 이유는 처음부터 없었다. 게다가 그 외국 이론에 잘 들어맞지 않는다고 해서 우리 역사의 '특수성'에 탓을 돌린 것은 역사가가 해서는 안 될 일이었다.

하지만 이러한 부적절하고 무용한 시도는 멈추지 않았고 덕분에 우리 역사는 날이 갈수록 더 특수해졌다. 그 특수성을 설명하기 위해서

필요했던 것이 바로 우리 역사에 설정된 무수한 '한계'들이다. 상식적으로 생각하면 충분히 이해할 수 있는 부분들을 우리만의 독특한 전통에서 비롯된 것으로 치부하고, '근대'로 가는 길목을 막는 장애물로 취급하기도 하였다. '근대'가 지체된 것을 어떻게든 설명하려고 했기 때문이다.

'근대'의 지체에 대한 과도한 자기반성은 급기야 조선의 정치적 후진성을 입증하는 쪽으로 전선을 확대했다. 하지만 15세기에 정치와 경제, 사회, 문화 모든 분야에서 절정을 맞이한 조선을 갑자기 하락세로 돌려세우는 작업은 쉬운 일이 아니었다. 뭔가 대단히 결정적인 이유가 필요했고 그 이유가 설득력을 가져야만 했다. 16세기 말에서 17세기 초에 발생한 양란(임진왜란과 병자호란)은 그런 면에서 아주 적당한 사건은 아니었다. 조선 내부의 자생적인 원인으로 일어난 일도 아닐뿐더러 길어야 17세기 후반이면 영향력이 다하기 때문이다. 전쟁이 끝난 뒤에도 300년 가까이 이어지는 조선의 긴 시간에 온통 쇠락의 이미지를 입히기 위해서는 조선의 전 시기에 걸쳐 막강한 영향력을 행사한 다른 무엇인가가 필요했다. 가장 적당한 것은 바로 성리학이었다. 성리학에 의해 조선이 창업되었으니 성리학에 의해 망했다고 해도 조금도 이상할 것이 없었다. 시기는 16세기가 딱 적당했다. 성리학이 사회적으로 널리 확산되는 시기였기 때문이다.

결과적으로 16세기 이후 역사에 대한 해석과 평가에는 성리학의 역할에 대한 부정적인 인식이 상당한 영향을 미쳤다. 성리학으로 인해 백성들의 실생활과 상관없는 논쟁이 벌어지고, 그로 인해 정파가 갈려 무익한 정쟁政爭을 일삼으면서 조선이 줄곧 내리막길을 걷게 되었다는 시각은 조선 후기에 나타난 여러 가지 발전상도 제대로 볼 수 없게 만들었다. 하지만 16세기에 벌어진 논쟁이 정말 백성들의 생활과 아무 관련이 없었는지, 그리고 조선의 조정에서 일어났던 정파 간의 대립이 과연 국가에 무익한 것이었는지에 대해서는 더 들여다 볼 필요가 있다.

1) 성리학의 역할

성리학을 위한 변명

조선을 쇠망의 길로 접어들게 만든 주역은 누가 뭐라 해도 성리학이라고 보는 사람들이 많다. 고려 말 신왕조 개창의 사상적 기반이었던 성리학이 16세기에 들어와서는 돌연 실생활과 거리가 먼 탁상공론만을 일삼는 것처럼 보이기 때문이다. 게다가 성리학적 명분론에 빠져버린 정치는 같은 시기에 스스로 자중지란을 일으키며 국가를 위기 상황으로 몰아넣는다. 특히 인조반정仁祖反正으로 정권을 잡은 서인의 친명배금親明拜金 정책이 병자호란으로 이어지는 과정을 보면, 성리학이 그 책임으로부터 자유롭기는 어려워 보인다.

그러나 서인에 의한 반정反正(정통을 다시 회복함)이 과연 명明에 대한 의리와 '폐모살제廢母殺弟(어머니를 폐하고 동생을 죽임)'라는 성리학적 명분 때문에 일어난 일인지, 광해군의 대북 정권에 반발한 서인들이 이러한 명분을 이용하여 정권 탈환에 나선 것인지는 잘 따져 보아야 한다. 당시 광해군이 국제 정세에 밝았고 외교적인 노선을 잘 선택한 것은 사실이지만, 친형(임해군)의 죽음을 방조했고, 조작된 사건임이 분명한 옥사(계축옥사)를 이용해 이복동생(영창대군)과 그 외가를 도

륙했으며, 심지어 자신의 즉위를 도와주었다고 할 수 있는 인목대비마저 유폐하고 이를 반대하는 이항복 등 명신들을 배척한 것은 그의 인품을 의심하게 할 수밖에 없는 대목이기 때문이다. 자신의 왕위를 유지하기 위해 이 정도로 불합리를 자행하는 임금이라면, 국가의 장래를 생각해서라도 반정을 생각하는 것이 반드시 이해하지 못할 일은 아니었다.

한 마디로 서인세력은 광해군을 내몰기 위해 적절한 명분을 이용했을 뿐, 단순히 성리학적 사고에 사로잡혀 반정에 이르렀다고 보기는 어렵다. 이 밖에도 광해군이 대궐을 많이 짓고 재정을 낭비했다는 것이 반정의 원인으로 지적되기도 하는데, 이 부분은 합리적인 추론이 필요한 부분이라고 생각된다. 광해군과 같이 현실 인식이 잘 되는 사람이 아무런 이유 없이 그렇게 재정을 낭비했다는 것은 논리에 맞지 않기 때문이다. 당시 광해군은 모문룡에 대한 지원 등 명의 과도한 요구를 물리치기 위해 대궐을 짓는 데 국가재정을 다 써버리려 했던 것 같은데, 명을 위해 쓰느니 그 편이 낫다고 생각했을 수도 있겠다.

서인정권은 인조반정 이후 명에 대한 의리를 지킬 것을 무리하게 주장하여 병자호란이라는 위기 상황을 초래하기도 했다. 그러나 이것 역시 서인이 사대주의의 화신이라서 그랬다기보다는 상황에 따라 입장을 달리 함으로써 반정의 정당성을 스스로 훼손하게 되면 정권을 지킬 수 없다는 판단을 하였던 까닭으로 보인다.

조선 후기 성리학은 고려시대에는 높았던 여성의 지위를 추락하게 만드는 데에도 큰 역할을 한 것처럼 묘사된다. 양란 이후 혼란해진 사회 윤리를 바로잡고자 하는 과정에서 여성에게 과도한 윤리적 책무를 강요하는 사례가 종종 나타나기 때문이다. 게다가 17세기 이후에는 제사를 지내는 적장자 위주로 재산상속이 이루어지는 경향이 늘었고, 혼인의 풍습도 바뀌어 식을 올린 후 곧바로 신부가 신랑의 집으로 들어가는 친영親迎제가 확산되는 모습을 보인다. 여기에 아들이 없는 집에서 조상의 제사를 모시기 위해 양자를 들이는 관행이 늘어나는 것까지 보태지면, 조선 후기에 여성 차별에 대한 책임은 성리학이 모두 떠안는 수밖에 없을 것 같다.

하지만 다른 시각에서 보면 조선 후기에 여성의 지위가 마치 '하락'하는 것처럼 보이는 것은, 고려시대에 여성의 지위가 대단히 높았던 것처럼 보이도록 만들었기 때문에 일어난 일종의 착시현상일 수도 있다. 이때 말하는 여성의 지위는 모두 사회적 지위가 아니라 '가정 내의' 지위를 말하는 것인데, 이는 사회적인 측면에서 여성의 지위는 고려와 조선이 크게 다르지 않았다는 뜻도 된다. 고려시대에 여성의 지위가 높았다는 근거 가운데 가장 실질적인 부분은 아들과 딸에게 차별 없이 재산을 물려주었다는 것인데, 실제로 고려시대에 아들에게 더 물려주는 경향이 없었는지는 확인하기 어렵다.

고려시대에 남녀 균분 상속의 증거로는 『고려사』에 있는 나익희의 사례와 손변의 사례가 자주 인용되는데, 나익희의 경우 어머니가 아들인 자신에게 노비를 더 물려주려고 하는 것을 거부했기 때문에 기록이 남은 것이고, 손변의 재판은 장성한 딸에게 재산을 거의 다 물려주고 남동생에게 물려주지 않은 사안에 대해 (손변이 자신의 판단에 따라) 판결을 한 것이었다. 하지만 상식적으로 생각해 보았을 때, 남녀의 균분 상속이 일반적이었다면 이러한 사례는 당연한 일로 간주되어 기록이 남지 않았을 가능성이 더 크다. 아들이 재산을 더 받는 것이 일반적인데 이 두 개의 사례는 그러한 관행에서 벗어났기 때문에 화제가 된 것일 수도 있다는 뜻이다. 따라서 이 사례들만 가지고 고려시대 남녀의 상속분이 같았다고 이야기하는 것은 지나친 과장일 수 있다.

조선시대에 장자에게 많은 재산을 물려주게 된 근거는 주로 '제사' 비용 때문이었는데, 고려시대에도 제사를 지내는 자손에게 재산을 더 주는 일은 있었으며, 당시 제사 비용에 대한 부담이 적지 않았던 점을 감안해 본다면 이는 오히려 합리적인 차등으로 생각할 여지도 있다.

고려시대에 첩妾을 인정하지 않았다는 주장도 실제 역사상과는 차이가 있을 수 있다. 고려시대에는 처妻를 여럿 두는 경우가 많아 자녀에 대한 상속 문제가 종종 발생하였던 것으로 보이고, 천민의 경우에는 처음부터 첩으로 들이는 경우도 있었기 때문이다.[45]

따라서 고려시대에는 마치 여성의 지위가 대단히 높았던 것처럼 이야기하는 것은 과장된 측면이 있다고 생각된다. 또 조선에서 양란 이후 유교 윤리를 강조해야 할 필요 속에서 여성에게 과도한 윤리적 의무를 강요한 것은 사실이었지만, 이것은 정치적 의도에 의한 부분이 많았고 성리학을 그 유일한 원흉으로 지목할 일은 아니라고 생각된다.

성리학적 명분론이 조선 사회에 부정적인 영향을 끼친 사례로 언급되는 사실들은 이 밖에도 많이 있다. 효종 대에 오랑캐에게 당한 치욕을 씻겠다며 무리하게 북벌을 추진하여 국가재정을 어렵게 만들고, 현종 대에는 예송禮訟을 유발해 대비가 상복 입는 기간을 가지고 정국을 2차례나 블랙홀로 밀어 넣은 것도, 서민의 지위가 상승하고 있었던 조선 후기에 봉건적 신분 질서 유지를 고집하여 사회 갈등을 유발한 것

---

45 고려와 조선의 여성의 지위에 대해서는 '신유아, 「고등학교 '한국사' 교과서의 여성사에 대한 인식과 새로운 여성사 서술 방향 모색-전근대 시기를 중심으로-」, 『대구사학』 137, 2019'를 참고함.

도, 주범은 성리학으로 지목된다. 이렇게 보면 성리학이야말로 조선을 망하게 하려고 혼자서 열일 다한 학문인 것 같다.

성리학이 문제를 해결하는 방법

성리학의 죄명은 구체적으로 무엇일까? 이理와 기氣의 성격에 천착한 것은, 현학적인 학자들의 언어유희를 위한 것이고 정말 아무런 쓸모도 없는 일이었을까? 인간의 본성에 대한 논쟁은 과연 현실 문제의 해결과는 아무 관련이 없었을까?

성리학은 조선의 건국과 떼려야 뗄 수 없는 관계를 가지고 있고, 조선사회의 변화와 발전에 대단히 기여가 컸던 학문이다. 조선 정부가 불교의 영향에서 벗어나 정치와 사회·경제·문화의 모든 측면에서 합리성을 실현하게 된 것은 온전히 성리학의 공로였다.

고려시대에 국왕과 귀족이 사리사욕을 채우기 위해 온갖 부조리를 저지르고 나면 저항하는 백성들 앞에 권위 있는 승려가 나타나 부처님의 이름으로 모든 것이 다 '공空'이라고 하며 상황을 정리해 버리는 이러한 프로세스process가 더 이상 나타날 수 없게 된 것도, 따지고 보면 성리학 덕분에 가능해졌다.

그렇다면 성리학이 처음 도입되었던 당시에는 '소학'과 '주자가례'와 같은 실천적 방법론을 중시하였다가, 16세기에 들어와 돌연 인간의 본성에 대한 연구에 천착하면서 실생활과 멀어진 것은 무슨 까닭일까?

누구나 생각할 수 있겠지만 새로운 종교 또는 사상을 보급하려고 할 때 가장 필요한 것은 '눈에 보이는' 부분이다. 유럽에서 크리스트교가 전파되었던 초기에 성상聖像을 만들어 게르만족에게 다가가려고 했

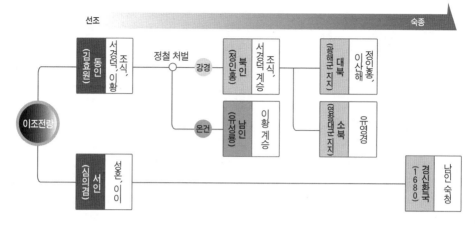

붕당정치의 전개

듯이, 성리학도 처음에는 실천윤리를 강조하며 사람들의 생활 속에 파고들었다. 그렇지만 성리학에서는 '인간'을 도덕적 존재로 만드는 것이 모든 문제 해결의 시작이자 끝이라고 생각했기 때문에, '인간'에 대한 이해가 곧 문제 해결 방식과 직결될 수밖에 없었다.

성리학은 인간의 선악과 시비에 대한 분별력이 왜 차이가 나는지에 대해 알고, 인간이 문제를 직접 해결할 수 있도록 교화敎化하는 것이 모든 문제를 해결하는 열쇠라고 생각했다. 성리학뿐만 아니라 대부분의 학문은 인간에 대한 이해로부터 출발해서 인간을 이롭게 하는 것을 궁극적인 목표로 삼는다. 따라서 인간을 어떻게 이해하느냐에 따라 인간을 이롭게 하는 방법도 달라지게 마련인 것이다.

성리학은 현실에 존재하는 무수한 사회문제를 적극적으로 인식하고 있었고, 또 그 해결을 지향했던 학문이었다. 그렇기 때문에 20세기 초반에 민족문화를 재건하고자 노력했던 일련의 연구자들에 의해 '실학자'로 불리게 된 조선의 유자儒者들은 성리학을 비판하면서도 그들

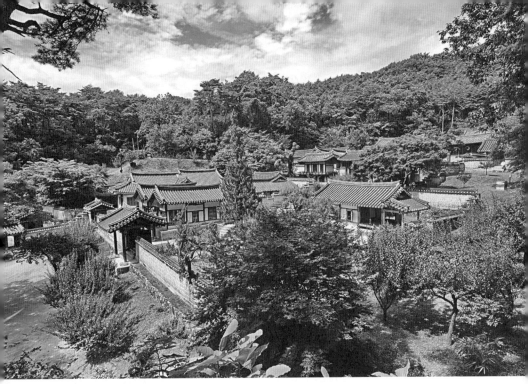

이황을 배향한 안동 도산서원

의 학문적 뿌리를 성리학에 둘 수밖에 없었다.

'인간'을 믿은 이황, '제도'를 믿은 이이

조선 중기 성리학의 대가大家였던 이황李滉과 이이李珥를 떠올려 보자. 이황은 동인의, 이이는 서인의 학문적 시조가 되었다. 이들은 인간의 본성 혹은 내면을 이루는 이理의 성질에 대해 이견을 가지고 있었다. 혹자는 '주리론主理論'이니, '주기론主氣論'이니 하는 비역사적 조어造語로 학문의 본질을 왜곡하기도 하는데, 이런 표현은 식민사관을 주장했던 다카하시 도루高橋亨가 조선의 성리학을 깎아내리기 위해 의도적으로 사용한 것일 뿐, 당시 학문적 경향에 대한 올바른 용어가 아니다.

이이를 배향한 파주 자운서원

    이황과 이이가 성리론^{性理論}에서 견해차를 보인 부분은 '이理'의 속성이었다. 이는 우주와 만물의 원리이자 형이상자^{形而上者}를 의미한다. 주희의 성리학은 그 학문의 목표가 도덕적 인간, 즉 성인^{聖人}이 되는 것에 있었는데, 그러자면 모든 인간으로부터 도덕적 인간이 되기 위한 당위적 노력을 이끌어낼 필요가 있었다. 하지만 불교의 공^空과 도교의 무^無의 세계관은 그러한 노력 자체를 공허한 행위로 만들 위험성이 있어서, 인간을 도덕 수양에 힘쓰게 할 명분으로서는 적합하지 않았다. 따라서 주희에게는 이런 것들과 다른, 보다 적극적인 성격의 명분과 논리가 필요했는데, 바로 그 역할을 이理에게 부여한 것이었다. 주희의 이理는 성인이 되기 위한 인간의 노력을 이끌어내기 위한 당위 또는 사명으로서 모든 인간에게 보편적으로 내재하는 것이었고, 이로 인해 모든 인간은 도덕적 완성체인 성인聖人이 되기 위해 노력해야 하는 존재로 설정될 수 있었다.

문제는 이理가 스스로 동動할 수 있는 존재인가 하는 것이었다. 이황은 이가 동할 수 있다고 보아 인간 스스로 성인이 될 수 있는 것이 당연하다고 생각했다. 따라서 이황은 모든 인간에게 내재하고 있는 사단四端[46]이 유형의 기氣를 통하지 않고 스스로 밖으로 표출되는 것이 가능하다고 여겼다. 이황과 같은 이러한 전제 하에서는 인간 심성이 변화할 수 있다는 가능성을 강하게 믿었고, 따라서 이황의 학맥을 이은 동인(후에 남인과 북인으로 분기함)은 군주에 대한 기대가 크고 그 심술心術(마음)에 의존하려는 경향이 큰 편이었다. 후일 남인 출신의 실학자들이 주장한 개혁안들이 지나치게 이상주의적인 특성을 보이는 것은 이러한 학문적 배경 때문이었다.

반면 이이는 이理가 스스로 동할 수 없다고 보고, 오직 기氣의 움직임에 의해 발현될 뿐이라고 생각했다. 다시 말해 이이는 측은지심惻隱之心과 같은 사단四端의 발현은 오직 기氣를 통해서만 가능하다고 본 것이다. 그리고 사람에 따라 사단의 발현 정도가 다른 것은 기氣의 청탁淸濁(맑고 탁함)의 차이로 설명했다. 기가 투명하고 맑을수록 본연의 이理가 더욱 선명하게 발현될 수 있다는 것이다. 따라서 이이에게 있어서는 인간의 선악은 기질의 차이에서 비롯된 당연한 것이었고, 인간이 도덕적이지 않다는 사실도 이해하기 어려운 일이 아니었다.

---

46 사단은 동물과 다르게 인간만이 가진 속성, 즉 측은지심(惻隱之心 : 어려운 상대를 불쌍히 여기는 마음), 수오지심(羞惡之心 : 잘못을 부끄러워하는 마음), 시비지심(是非之心 : 옳고 그름을 분별하는 분별력), 사양지심(辭讓之心 : 겸손하고 양보할 줄 아는 마음)을 말한다.

이理가 스스로 동할 수 있다고 생각한 이황의 이론은 동인에게, 스스로 동할 수 없다고 생각한 이이의 이론은 서인에게 각각 계승되었다. 따라서 이황의 이론을 계승한 동인계통의 학자들은 인간의 변화 가능성을 좀 더 폭넓게 생각했고, 외부로 발현되는 모든 것을 총칭하는 기氣의 가치를 (서인에 비해 상대적으로) 낮게 평가하는 경향이 있었다. 즉, 외형적 제도나 물질적인 측면의 변화보다 인간 심성의 변화에 의존하는 정도가 더 클 수밖에 없는 인간관을 가지고 있었다는 뜻이다.

그러나 서인의 경우에는 이理는 결국 기氣에 의해 발현될 수밖에 없으므로, 유형의 기氣가 갖는 가치를 십분 인정했다. 따라서 문제의 해결을 위해 인간의 도덕적 수양을 기본으로 하면서도 이와 동시에 외형적인 측면, 즉 제도의 변화를 동시에 모색하려는 성향을 가지고 있었다. 다시 말해 서인은 인간을 성인聖人으로 만들기 위해서는 인간 자체의 도덕적 변화 가능성에만 의존해서는 안 되고, 성인이 될 수 있도록 시스템을 갖춰놓을 필요가 있다고 생각했다. 인간을 바꾸기보다는 제도를 바꾸는 것이 더욱 효과적이기도 하고 현실적이라고 생각했던 것이다. 서인이 구조주의자의 면모를 갖게 된 데에는 바로 이런 까닭이 숨어 있었다.

동인과 서인이 이렇게 인간에 대한 이해가 서로 달랐으니, 인간을 이롭게 하는 방법에 대한 생각도 서로 같을 수 없었다. 흔히 붕당朋黨에 대해 설명할 때 같은 지역 출신들이 같은 서원에서 동문수학하면서 형성된 것으로 이야기하며 붕당의 1차집단적 성격을 강조하는 경우가 있는데, 친인척 간에 서로 다른 붕당에 속한 경우도 종종 있었다. 또 현대 사회에서도 혈연과 지연과 전혀 무관하게 형성되는 집단은 거의 존재하지 않는다는 점을 감안하면, 이러한 설명은 붕당을 사私적인 조직으로 보이게 만들려는 의도와도 무관하지 않다고 생각된다. 붕당은 혈연과 지연 등에 얽매인 사私적인 세력이 아니었고, 정치적 입장과 견해를 함께 하는 사람들로 구성된 공公적 정치세력이었다. 따라서 붕당을 결정하는 데에 가장 중요한 것은 자신의 정치적 성향이었고, 그것은 학문적 바탕 위에서 형성되었다. 따라서 학문적인 견해 차이가 정치적 입장의 차이로 이어진 것은 당연한 일이었다.

서인세력은 양란의 경험을 명분 삼아 정치와 군사 제도를 개편해 나갔다. 그 결과 비변사와 5군영이 권력의 본체를 이루게 되었는데, 이는 양란 이전에 비해 의사결정과 집행이 훨씬 더 효율적으로 이루어질 수 있는 체제였다.

서인에 의한 제도의 개편 작업에는 언제나 반박할 수 없는 명분이 따랐으므로 언뜻 보면 서인이 실리를 추구하기보다 명분을 더 중시한 것처럼 보인다. 하지만 실상을 살펴보면 서인은 권력을 차지하기 위해 제도를 만들고 조직을 개편하면서 자신들에게 유리한 명분을 자유롭게 가져다 쓴 것이고, 이러한 명분이 제공하는 탄탄한 논리를 일관되게 주장함으로써 실리를 취할 수 있었던 것이다.

서인에게 있어 임금이 마음먹기에 따라 모든 것이 달라질 수 있는 시스템은 불안하기 짝이 없는 것이었다. 이런 체제 하에서 신하가 취할 수 있는 최선책은 임금에게 성인군자가 되어 줄 것을 호소하는 방법밖에 없는데, 만약 아무리 간곡하게 호소해도 임금을 (자신들의 뜻에 맞는) 성인군자로 만들 수 없다면 어떻게 할 것인가?

이황과 이이는 모두 선조에게 성인聖人이 될 것을 주문했다. 이황은 '성학집도聖學集道'라는 저술을 통해 성리학의 원리를 그림으로까지 그려주며 선조를 성인으로 만들려고 애썼다. 이이도 성리학의 요체만을 뽑아 엮은 '성학집요聖學輯要'를 올렸다. 그러나 이이는 임금을 잘 가르친다고 해서 모든 문제가 해결된다고 생각하지는 않았던 것 같다. 그래서 당시로서는 현실화되기 어려운 여러 가지 제도의 개혁도 함께 주장했다. 두 사람 모두 현실 문제의 해결을 원했으나 인간에 대한 이해가 서로 달랐기 때문에 그 접근 방법도 달랐던 것이다.

서인에게 있어 인간은 애초에 (완전히) 믿을만한 존재가 아니었다. 따라서 개개인의 천성을 바꾸려고 하기 보다는 권력이 작동하는 시스템을 바꾸는 것이 더 확실하다고 생각했다. 전란戰亂의 위기는 이러한 시스템의 변화를 주장하기에 적합한 명분이 되어 주었다. 여진족의 침입과 왜변倭變에 대비해야 한다는 것을 명분으로 등장한 비변사는 시간이 지나면서 국왕 한 사람에 의해 장악되기에는 지나치게 비대한 조직으로 키워졌다. 그리고 양란을 거치면서 하나둘씩 만들어진 5군영은 급료를 받는 직업군인으로 구성되었는데, 서인이 5군영을 설치하고 군권軍權을 장악하는 데 주력한 것은 외형적인 기氣의 측면, 즉 물리력의 중요성을 인정했기 때문이었다.

예측할 수 없는 변수인 인간을 믿기보다는 안정적인 시스템을 신뢰하는 서인의 성향은 신분제도에 대한 그들의 입장에서도 그대로 드러난다. 개인의 타고난 천성보다는 가풍家風 등에 의한 교육 시스템이 더 믿을만하다고 생각한 것이다. 서인에게서 파생된 노론 가운데 성리학적 명분론을 강조하며 봉건적 신분질서의 수호를 주장하는 사람들이 많았던 것은 이러한 까닭이었다.

반면 이황의 학풍을 이어받은 남인은 인간의 내면적 가치를 중시하는 관념론자적 특성을 가졌다. 따라서 인간에 대한 기대를 끝까지 저버리지 못하고 상황에 따라 갈팡질팡하는 모습을 보이다가 결국 원칙을 고수하며 제도를 개편하고 군권 장악에 성공한 서인에게 정치적으로 밀리고 말았다. 사람이 마음먹기에 따라 결과가 크게 달라질 수 있는 부분을 그대로 방치하면서, 군주의 심술心術에만 의존하려는 성향이 남인의 패인이었을 수 있다.

현종 대의 예송禮訟과 숙종 대 수차례의 환국換局에서, 남인은 언제나 (원칙을 고수하기보다) 국왕의 마음을 잡기 위해 최선을 다하는 모습을 보였다. 국왕 역시 (자신과 이해관계가 일치하는 경우에는) 남인의 손을 들어주기도 했다. 하지만 명확한 원칙과 명분 없이 오직 국왕의 마음에 맞추려고 하였기 때문에, 남인은 (거의 매번) 단기간 권력을 차지했다가도 곧 놓쳐버리는 행태를 보였다. 물론 허목과 채제공과 같이 걸출한 영수領袖가 출현했을 경우에는 잠시나마 정치적 승리를 거머쥐기도 하였지만, 이 경우도 그들의 정치철학이 국왕의 복심腹心과 일치했던 결과로 해석될 여지가 있다.

남인의 경우에는 왕권을 견제하기보다 왕권을 강화하는 쪽에 서는 경우가 많았는데, 남인이 가지고 있는 인간관에 비추어 본다면 국왕의 마음 하나에 모든 일이 달려 있는 것이 오히려 더 이상적인 정치가 이루어질 가능성을 높이는 방법이었기 때

미수 허목 초상

문이다. 그러나 남인들이 가졌던 인간에 대한 이러한 믿음은 그들을 원칙 없는 붕당으로 보이도록 하는 데 일조했고, 종국에는 정치적 실패로 이어졌다.

노론이 권력을 지킬 수 있었던 비결

임금의 입장에서 생각해보면 종묘사직을 유지하는 것이 궁극적인 사명인데, 이를 잃지 않으려면 민심에 따를 수밖에 없었다. 그리고 민심은 역사적으로 보았을 때 정쟁의 결과와 상관없이 더 합리적이고 설득력 있는 논리를 제시하는 쪽으로 기우는 경우가 많았다. 조선의 정치인들이 대의大義와 명분名分을 중시했던 것도 바로 그 때문이었다. 만약 조선 정치사에서 최종적으로 승리를 거둔 쪽이 노론이라고 한다면, 그

노론의 영수 송시열

것은 결국 그들의 주장이 다른 정파에 비해 더 합리적인 경우가 많았다는 뜻일 수도 있다. 다수의 집단지성에 의해 형성된 민심이 장기간에 걸쳐 잘못된 선택을 할 가능성은 높지 않기 때문이다.

실제로 노론의 영수 송시열은 효종의 북벌론에 대해 (효종이 이를 얼마나 바라는지 알면서도) 실질

적으로 반대하는 입장을 취하였고, 2차 예송에서 현종에게 불리한 주장을 굽히지 않았을 뿐만 아니라, 효종과 현종 대에 제기된 대동법의 확대 실시에 대해서는 적극적으로 찬성하는 입장을 보였다. 또 숙종 대에 서얼들이 집단 상소를 통해 허통(문과 응시 허용)을 요구하자 이에 적극적으로 찬성했고, 숙종이 장희빈의 소생을 서둘러 원자로 책봉하려 하자 (이것을 반대하는 것이 얼마나 위험한 일인 줄 알면서도) 극렬히 반대하여 종국에 사사賜死까지 당했다.

이러한 그의 행보를 단순히 성리학적 명분론에 사로잡혀서 한 것이라고 치부해서는 잘 설명이 되지 않는다. 당시 상황에서 대의大義와 원칙에 입각한 합리적인 판단을 한 것으로 볼 수 있고, 정파의 근시안적 이익을 앞세우지 않았음이 드러난다. 이후 노론은 영조를 지지하여 왕위에 올리는 과정에서 4대신이 모두 처형되는 일까지 겪게 되지만, 종국에는 영조의 정치를 통해 노론의 선택이 옳았음이 증명되면서 권력을 유지하게 된다. 권력의 뿌리는 민심에 있고, 민심은 선善한 결과를 가져다주는 정파를 따른다는 사실이 드러나는 대목이다.

서로 다른 홍익인간弘益人間의 길

광해군 대에 실각한 북인은 다시 정계의 주역이 되지 못하고 형해화되었고, 남인 가운데 실학자로 분류되는 인물들은 뒤늦게나마 다방면에 걸친 제도의 개혁을 주장하지만, 현실적으로 추진하기 어렵다는 사실을 스스로도 부정하지 않았다. 도덕적 인간을 가정하고 출발한 개혁은 토지와 군사 문제 등을 일거에 해결할 수 있는 근본주의적(?) 주장인 경우가 많았고, 그들의 이상주의적인 인간관에 의하면 그것이 당연했다.

예를 들어 정약용이 주장한 여전론閭田論은 1여閭(마을)의 토지를 공동으로 경작하고 각자가 제공한 노동력에 따라 그 수확을 나누자는 것이었다. 이것이 국가에 의한 전면적인 토지몰수와 재분배라고 하는 불가능한 조건을 전제로 삼았다는 사실은 차치하더라도, 이 제도는 모든 인간이 도덕적으로 완성되어 있을 때에나 실현이 가능한 것이다. 공동으로 노동하여 얻은 수확물을 여장閭長이 각자 제공한 노동력의 정도에 따라 분배하는데, 여장이 탐욕스럽거나 여장의 분배에 불만을 품는 구성원이 있는 경우에는 갈등이 일어나 운영이 불가능할 것이기 때문이다.

반면 노론 출신으로 실학자의 반열에 이름을 올린 사람들은 인간의 선악과 상관없이 실행 가능한, 방법론적인 개혁안을 제시하는 경우가 많았다. 양반의 비생산성을 비판하고, 수레와 선박의 사용을 활성화해야 한다는 주장을 펼친 박지원도 노론 출신이었다. 흔히 북학파라고 하면 상공업 발달에 치중한 주장만 한 것으로 알고 있지만, 이들도 모두 사회 문제 전반에 관심을 가지고 해결책을 제시하였다.

노론측 인물이 이처럼 실용적인 개혁안을 주장한 것에 대해서는 청淸에 사신으로 다녀온 경험이 있었기 때문이라고 설명하는 경우도 있고, 이것도 사실일 것이다. 하지만 당시 성리학이 끼친 학문적 영향에 좀 더 주목하여 본다면, 붕당 간에 학문적 근원이 되는 인간관을 달리했던 것에서도 원인을 찾아볼 수 있다. 인간에 대한 인식이 인간에 대한 의존도의 차이를 가져왔고 이것이 결국 정치와 사회 문제에 대한 해결 방법, 즉 인간을 이롭게 하는 방법에 대해서도 서로 다른 길을 가게 했던 것이다. 역사적으로 중요한 장면에서 붕당 간에 견해가 (거의 예외 없이) 갈리는 까닭은 개인적인 감정이나 경험의 차이에서 비롯된 것이라기보다는 학문적 기반이 달랐기 때문에 나타난 필연적인 결과였고 바로 이것이 정파政派가 나뉘는 단초가 되었다.

동인과 서인의 성향

동인	서인
▷ 이황 : 이기호발理氣互發(이와 기가 모두 발함) → 이理도 스스로 동動할 수 있음 → 인간에 대한 기대가 큼 → 국왕에 의한 문제 해결 지향 (국왕의 마음을 잡고자 노력, 정치적 상황에 따른 융통성 큼) → 도덕적 인간을 통한 근본적이고 이상주의적 개혁 지향, 신분제 부정(인간의 자체적 변화 가능성 신뢰) ▷ 인간의 내면(마음) 중시 → 관념론자적 성향	▷ 이이 : 기발이승일도氣發理乘一途(기가 발하고 이는 기에 올라타는 것) → 이理는 스스로 동動할 수 없음 → 인간에 대한 믿음 약함 → 제도 개혁을 통한 문제 해결 지향 (원칙과 명분 고수, 상황이 변해도 정치적 입장 변화 적음) → 합리적이고 현실주의적 개혁 지향, 신분제 긍정(인간의 자체적 변화 가능성 불신) ▷ 외형적 시스템(제도) 중시 → 구조주의자적 성향

2) 사화士禍

　'사화'는 선비들이 화를 입은 사건이라는 뜻이다. 우리는 이 용어의 의미를 일반적으로 '사림파'가 '훈구파'에 의해 화를 당한 사건이라고 알고 있다. 그런데『조선왕조실록』의 기사를 통해 확인해 보면 '사화',

'사림', '훈구'는 모두 조선왕조가 존속했던 전 시기에 걸쳐 사용된 보통 명사이다. '사화'는 '옥사獄事'와 동의어이고, '사림파'와 '훈구파'라는 정파는 '실록'에 존재하지 않는다. 도대체 어떻게 된 일일까?

'사화士禍'는 없다

'사화'라는 용어가 실록에 등장하는 것은 중종 12년(1517)이다. 원래 '사화'는 임금에 의해 신하들이 옥에 갇히거나 죽게 된 사건을 가리키는 말인 '옥사獄事'와 동의어였고, '사화'보다는 '옥사'라는 용어가 더 많이 사용되었다.[47] '사화'와 '옥사'가 동의어라는 사실은 소위 '4대 사화'라고 일컬어지는 사건(무오·갑자·기묘·을사사화)이 '○○之獄(○○지옥)', '○○之禍(○○지화)' 등으로 기록된 경우가 많이 있어서 쉽게 확인할 수 있다.[48] 이 밖에도 '4대 사화' 중 하나로 알려져 있는 '을사사화'의 경우, 명종 3년 8월 11일 기사에서 '을사옥사'로 원문에 기록하고 있고, 경종 대에 있었던 두 차례의 옥사(신축, 임인옥사)를 '사화'라고 쓴 기사[49]도 있다.

---

47 『조선왕조실록』에서 '사화'는 총 100여 회, '옥사'는 총 1500여 회 사용되었다.

48 '무오지옥(戊午之獄)'은 중종 2년 4월 18일 기사 등 총 6회, '갑자지옥(甲子之獄)'은 연산군 8년 7월 17일 기사에서 1회, '기묘지옥(己卯之獄)'은 중종 29년 12월 7일 기사에서 1회, '을사지옥(乙巳之獄)'은 명종 3년 8월 11일 기사 등 총 4회 사용되었다. 이 밖에 '○○지화(○○之禍)'로 기록된 경우는 사건별로 20~30여 회 정도로 더 많은 편인데, '○○지옥'이라 쓰든 '○○지화'로 쓰든 비슷한 시기에 동일한 간지를 사용한 경우 동일한 사건을 가리키는 말이다. '옥사'라는 용어는 『고려사』에도 사용되었다. 조선 태조 대에 언급된 옥사는 고려 말에 있었던 '윤이·이초'로 인한 옥사사건이다.

49 경종대에 있었던 '신축·임인년 옥사'를 '신임사화'로 기록한 기사는 『고종실록』 12권, 고종 12년 5월 10일 병오(丙午)' 기사이고, 임인년 옥사를 '임인사화'

또 '사림土林'이라는 용어는 태조 1년 8월 19년 기사부터 시작하여 조선왕조의 마지막 임금인 순종 대에 이르기까지 약 2,000여 회나 쓰였고, '훈구勳舊'라는 용어도 태조 1년 7월 18일부터 마지막 순종 대까지 약 360회나 사용되었다. 뿐만 아니라 『고려사』에도 '사림'이 16회, '훈구'가 8회 사용되었음이 확인된다.

이로 미루어 보았을 때, '사림'은 그냥 '선비들'이라는 뜻이고, '훈구'는 '공신들'이란 뜻의 보통명사였음을 알 수 있다. 훈구 가운데 외척을 포함시킬 경우에는 '훈척勳戚'이라는 용어도 사용했다. 즉, '사화', '사림', '훈구'는 모두 고려와 조선시대에 사용된 보통명사이며, 공통된 특징을 가진 사건이나 특정 정파를 가리키는 말이 아니었다. '실록' 전체에서 사화와 옥사는 국왕에 의해 신하들이 옥에 갇히거나 죽음을 당한 사건을 일컫는 보통명사로 쓰였으며, 가해자는 국왕이고 피해자는 신하들이었다.

그런데 종래 우리 역사 속에서는 연산군에서 명종에 이르는 73년 동안 발생했던 4차례의 옥사에 대해 특별히 '4대 사화'라고 부르면서 이를 '훈구파'와 '사림파'의 대립으로 이해하려는 경향이 있어 왔다. 이로 인해 '을사사화'는 외척 간의 대립임에도 불구하고 '훈구파'와 '사림파'의 대립으로 오해되는 경우도 있었다.

로 기록한 기사는 『영조실록』 7권, 영조 1년 9월 20일 갑인(甲寅)' 기사이다. 반대로 '신임옥사'로 기록한 기사는 『영조실록』 24권, 영조 5년 9월 4일 을해(乙亥)'기사이고, '임인옥사'로 기록한 기사는 『경종수정실록』 3권, 경종 2년 9월 21일 계묘' 기사 등 총 9건이다.

'훈구'와 '사림'에게 씌워진 거짓 프레임[50]

지금까지 '사화'는 훈구파에 의해 사림파가 화를 입은 사건으로 규정되어 왔다. 그리고 '훈구파'는 세조 이후 공신 책봉의 남발로 등장한 공신세력으로, '사림파'는 성종 대 이후 3사에 새롭게 진출한 언관 세력으로 설명되었다.[51] 심지어 이 두 정파는 성향까지도 뚜렷하게 구분되어, 훈구파는 서울에 거주하면서 지방에 많은 땅을 소유한 사람들로서 사장詞章(시와 문장)을 중시하는 경향을 가졌고, 사림파는 고려 말 충신인 길재 등의 학문적 후예들로서 조선왕조 개창과 더불어 낙향했던 지방 중소지주 출신이고 경학經學(4서5경에 대한 연구)을 중시했다고 정의되었다.

---

50 '사림·붕당론의 실상'에 대해서는 '이희환, 『조선정치사』, 혜안, 2015, pp. 16~64'의 내용을 참고함.

51 참고로 '사림파'에 대한 '한국민족문화대백과'의 정의를 일부 소개해 보면 다음과 같다.
16세기 사화기에 훈구파 내지 훈신·척신 계열과 대립한 재야 사류를 배경으로 한 정치세력이다. 사림이란 용어는 여말선초 시기에도 간혹 쓰였으나, 무오사화 이후 사화가 거듭되는 가운데 피해자(화를 당한 세력)의 집단성을 표현하는 용어로 사용되기 시작하였다. 그러나 사림파란 용어는 근대역사학 성립 후에 비로소 쓰여지기 시작하였다. 이병도(李丙燾)의 『국사대관(國史大觀)』에 조선 전기의 문인·학자의 유파를 나누어 훈구파(勳舊派), 절의파(節義派), 사림파, 청담파(淸談派) 등으로 구분한 것이 대표적인 경우이다. 이 구분에서 사림파는 훈구파와 대비되는 존재로서 다음과 같은 특성을 가지는 것으로 지적되었다. 즉, 성종대에는 문장·경술(經術)로 영남 일대에서 사종(師宗)의 위치에 있던 김종직(金宗直)을 지지하는 부류로 영남 출신이 다수를 이루었다. 이후 중종대 조광조(趙光祖)의 진출을 계기로 기호지방 출신의 사류도 다수 포함되기에 이르렀다. 학문적으로 김종직대에는 아직 사화(詞華 : 문예)에 힘쓰는 문사가 많고 도학자는 적었던 반면, 조광조대 이후에는 도학(道學)의 비중이 절대적으로 높아졌다는 것 등이다(https://100. daum.net/encyclopedia/view/14XXE0025559).

문제는 소위 '사림파'와 '훈구파'로 거명되는 인물 가운데 실제로 이 정의에 들어맞는 인물을 거의 찾을 수 없다는 점이다. 심지어 사림파의 계보에 등장하는 김종직조차도 경제적 상황과 문학적 태도 등은 훈구파와 더욱 많은 유사성을 가졌고, 조광조의 스승인 김굉필을 추천한 사람은 대표적인 훈구파 대신 이극균이었다. 또 성종 대에 훈구 대신 윤필상을 탄핵했던 사림파 허침은 훈구파로 분류되는 우의정 허종과 극렬하게 대립했는데, 두 사람은 형제관계였다. 널리 알려진 사림파의 대부분은 서울에 거주하는 명문가 출신이었으며 지방의 중소지주 출신으로 새롭게 정계에 등장한 인물은 극히 드물었다.[52]

　'사화'를 훈구파에 의해 사림파가 화를 당한 사건으로 설명하다 보니, 뜻밖의 난제難題도 생겼다. 사림파는 훈구파에 의해 4번이나 큰 화를 당했는데 어떻게 조선의 지배세력이 되었으며, 훈구파는 4번의 정쟁에서 모두 다 승리했는데 왜 모두 사라졌는지, 그리고 대부분 3사의 관리였던 사림파가 '청요직'이라 불리며 훈구파와 같은 고관대신으로 승진했다는 사실을 어떻게 설명해야 할지 난감해진 것이다.

　그래서 훈구파는 원래 인원수가 적어서 시간이 지나 모두 사망했고, 사림은 원래 지방에 많이 살아서 향약과 서원을 바탕으로 꾸준히 성장하여 조선 중기 이후 지배세력이 되었다는 식의, 대단히 설득력 없고 난해한 설명이 어디선가 흘러나와 교실을 떠돌게 되었다.

52　김범, 『사화와 반정의 시대』, 역사의 아침, 2015, pp. 75~125.

프레임을 씌운 이유에 대한 상상

　연산군~명종조에 발생한 4차례의 옥사사건을 '훈구파와 사림파의 대립'으로 규정해서, 임금이 신하들을 탄압한 '옥사'와 구분한 이유는 무엇이었을까? 추측해 보건대 연산군에서 명종에 이르는 시기에 아직 붕당이 발생하지 않았던 것이 원인일 수도 있다고 생각된다. 식민사관의 한 갈래인 '당파성론'에 우리 역사를 끼워 맞추려면 조선왕조 전 시기에 걸쳐 당쟁이 끊이지 않았음을 강조해야 하는데, 선조 이전에는 붕당이 아직 형성되지 않아 당쟁이 일어날 수 없었다. 따라서 훈구와 사림을 특정 '정파'로 둔갑시켜 이들 간에 정쟁政爭을 벌인 것으로 만들 필요가 있었던 것이다.

　교과서에서 마치 훈구파가 나쁜 쪽이고, 사림파가 좋은 쪽처럼 보이는데, '실록'의 기록을 들여다보면 전혀 그렇지 않다. 지금은 전근대사 분량이 줄어 이런 이야기가 교과서에 잘 나오지 않지만, 얼마 전까지만 해도 교과서에 훈구파는 고려를 배신하고 신왕조 개창에 협조해서 서울에서 부자로 살면서 권력을 누린 사람들이고, 사림파는 고려에 절의를 지킨 사람들의 후예로서 지방의 중소지주 출신이면서 여러 가지 좋은(?) '개혁'을 주도한 세력으로 묘사되어 있었다. 심지어 과거 대부분의 교과서에는 '길재'로 시작하는 사림의 계보도도 나와 있었는데, 그 계보도 역시 정확한 역사적 사실에 기반했다고 보기는 어려웠다. 교과서의 서술이 이런 식이었기 때문에, 학생들이 훈구에 대해 나쁜 인상을 갖고 사림에 대해 정의롭고 좋은 사람들의 그룹으로 인식하게 되는 것은 당연했다.

　하지만 문제는 '실록'의 기록과 관련 연구들은 거의 한결같이 '사림'

에 속한 대간, 즉 언관들의 과도한 횡포에 대해 이야기하고 있다는 것이다. 역사적 사실이 이러함에도 불구하고 굳이 사화를 '가해자는 훈구파, 피해자는 사림파'로 정의하여 결과를 훈구파의 승리로 만든 이유는, '사화'가 모두 나쁜 쪽이 승리한 것처럼 보여야 우리 역사에 대해 사람들에게 더 실망감과 절망감을 안겨줄 수 있어서 이야기를 그렇게 만든 것 같은 인상을 준다. 그런데 16세기 이후 붕당은 '훈구'라고 부를 수 있는 공신이나 대신들로만 구성된 것이 아니고, 관료군과 사대부계층 전체를 포괄해야 했기 때문에 '사림'이란 용어를 사용할 수밖에 없어진 것이다. '사림파'가 4번의 사화에서 모두 져서 '사림파가 화禍를 당한 사건'이 '사화'라고 하면서, 어떻게 16세기 이후 조선 사회를 사림이 주도했는지를 설명하기 어렵게 된 까닭에는, 이런 사정이 숨어있었던 것인지도 모르겠다.

지금까지도 우리 역사 교과서에서 연산군에서 명종조에 이르는 긴 시간 동안에 가르치는 내용은 오직 이 4건의 '사화'밖에 없다. 이 시기에 다른 중요한 일은 그렇게도 없었는지 궁금해지는 대목이다.

프레임을 빼고 다시 쓴, '사화'의 전말

무오사화戊午士禍는 사관 김일손이 사초에 그의 스승 김종직이 쓴 '조의제문弔義帝文'을 포함시킨 것이 빌미가 되어 일어났다. '조의제문'의 내용이 세조가 단종을 몰아내고 왕위에 오른 것을 항우가 초왕 의제를 죽인 것에 비유했다고 하여 문제를 삼은 것인데, 실상은 연산군이 삼사의 언관(대간)에게 줄곧 불만을 품어 왔던 것이 원인이었다고 할 수 있다.

조선왕조는 성립 초기부터 언관의 언론 활동을 대단히 중시하였는데, 성종 대에는 공신 세력을 견제하기 위해 홍문관을 키워줌으로써 언관권을 더욱 강화하였다. 하지만 발언권이 커진 언관들은 걸핏하면 자신들의 생각을 '공론公論'이라 우기는 경우가 많았고, 대신의 반대로 이것이 관철되지 않으면 반대한 대신을 무차별적으로 탄핵하였다. 언관이 인사권에 지나치게 개입하는 일이 많아지자, 나중에는 성종도 이들을 어쩌지 못하여 "임금이 손발을 놀릴 수 없는 지경에 이를 것"을 염려할 정도였다.[53]

세자 시절부터 언관들의 횡포에 불만이 많았던 연산군은 즉위 초부터 언관들과 심하게 부딪혔다. 그는 윗사람을 능멸하는 '능상凌上'을 증오했고, 왕권으로 이를 교정하지 않으면 안 된다고 생각했다. 하지만 언관들은 연산군의 태도를 수시로 성종과 비교하며, 심한 언사를 사용하여 대신을 비난하는 일을 그치지 않았다.[54] 이런 상황에서 사관 김일손이 세조 대에 있었던 불미스러운 일들[55]을 사초에 포함시키자, 유자광의 고변으로 이 일을 알게 된 연산군이 이 일을 기화로 대간을 탄압한 사건이 바로 무오사화였다.

---

53 김범, 같은 책, pp. 59~85.

54 대신과 삼사의 대립은 연산군 즉위 초에 가장 극심했는데, 영의정 노사신이 삼사에 대해 "요즘 대간은 자기 뜻과 조금이라도 다르면 사사로운 이해관계를 갖고 있다고 몰아세우니 이 폐단을 고치지 않으면 안 된다"고 비판하자, 정언 조순은 "노사신의 고기를 먹고 싶다"는 표현을 쓰며 그를 추국하고 파직해야 한다고 주장하였다.

55 김일손의 사초에는 세조가 자신의 첫째 아들인 덕종이 세상을 떠난 뒤에 그 후궁이었던 귀인 권씨를 불러들이려 했다는 것과, 황보인과 김종서 등이 세조의 회유를 따르지 않고 절개를 지켜 죽었다는 등의 문제도 포함되어 있었다(김범, 같은 책, p. 109).

그러나 무오사화에서는 실제로 사사된 사람은 6명에 그쳤고, 처벌된 사람의 숫자 전체는 52명 정도였다. 숙청의 범위만 놓고 보면 (다른 옥사들과 비교할 때) 오히려 적었다고 할 수 있다. 김종직과 관련된 사람들이 처벌된 경우는 그 중 절반이 채 되지 않았고, '훈구파'라고 할 수 있는 대신과 종친도 11명이나 포함되었다. 심지어 이 사화의 주역이라고 할 수 있는 이극돈도 포함되어 있었는데,[56] 연산군이 이때까지만 해도 공정하게 일처리를 하는 것처럼 보이려고 노력했던 것 같다. 이극돈은 김일손이 자신에게 불리한 일을 사초에 포함시키자, 이를 빼달라고 하다가 김일손과 감정이 상한 나머지 김일손이 세조와 관련된 불미스러운 일을 사초에 포함시켰다고 유자광에게 고변한 인물이었다.

이렇게 보면 사화의 단초를 제공한 이는 이극돈이지만, 이 일을 기획하고 확대한 이는 유자광이라고 할 수 있다. 유자광은 과거 그가 함양에 갔을 때 시를 지어 학사루에 걸어둔 것을 나중에 그곳 수령으로 온 김종직이 떼어서 불태운 사건으로 인해 김종직을 증오하고 있었다. 김종직은 유자광이 천출인 얼자 출신인데다 남이를 모함하여 죽인 것을 미워하는 인물이었다. 무오사화가 일어날 당시 김종직은 이미 죽고 없었지만 모욕을 당했다고 생각한 유자광은 이 일을 잊지 않고 있었고, 김일손이 포함시킨 사초의 내용 가운데 김종직의 '조의제문'에 대한 자신의 해석을 연산군에게 설득했다. 이것이 평소 언관들의 버릇을 고치려고 벼르고 있던 연산군의 복심腹心과 맞아떨어지면서 확대된 사건이 바로 무오사화였던 것이다. 김종직이 부관참시剖棺斬屍(관에서 시신을 꺼내어 목을 벰)를 당하게 된 배경에는 이런 감정싸움이 있었다. 무오

---

56 김범, 같은 책, pp. 116~119.

사화는 사초와 관련되어 발생한 일이었으므로 '사화史禍'라고도 쓴다.

갑자사화甲子士禍는 생모인 폐비 윤씨가 사사된 사건을 빌미로 연산군이 신하들을 대대적으로 탄압한 사건이었다. 무오사화를 통해 삼사를 제압했다고 여긴 연산군은 전제군주로서의 면모를 유감없이 과시하며 각종 패행과 사치를 일삼았다. 그러자 이제는 언관뿐 아니라 대신들까지 나서서 연산군에게 사치를 줄일 것을 간언하였고, 신하들로부터 고립되었다고 생각한 연산군은 사소한 실수만 있어도 이를 빌미로 신하들을 대거 처벌했다. 이세좌가 연산군의 옷에 술을 쏟았다고 하여 유배를 보냈다가 4달 만에 풀어준 사건과 홍귀달이 명을 어기고 손녀를 입궁시키지 않았다고 하여 유배토록 한 사건은, 연산군이 갑자사화의 막을 본격적으로 올리기 전에 신하들의 입을 막으려고 한 일종의 경고였던 것으로 보인다. 재위 10년에 마침내 성종의 후궁들과 그 아들들을 가혹하게 처벌하며 생모의 복수를 시작한 연산군은 폐비 사건에 개입된 모든 신하들의 명단을 보고하게 하고 이들에게 중형을 내렸다.

갑자사화로 인해 239명의 신하들이 유배 이상의 형에 처해졌는데, 사형 등 최고형을 받은 숫자가 절반 이상이었다. 이 중 상당수는 훈구파로 분류되는 영의정과 판서 등의 벼슬을 지낸 사람들이었고, 부관참시된 사람들 중에는 한명회 등 세조 대의 공신도 포함되었다.[57] 이는 '사화'를 '훈구파에 의해 사림파가 화를 입은 사건'이라고 정의한 것과는 전혀 부합되지 않는 결과다.

갑자사화가 진행된 경위를 보면, 사화의 대립 주체가 누구였는지 명확하게 드러난다. 사화는 근본적으로 국왕과 신하들 간의 대립이었기

---

57 김범, 같은 책, pp. 139~154.

때문에 피화자 가운데 '훈구'에 속한 대신들이 상당수 포함되었던 것이고, 갑자사화는 후일 연산군 폐출의 중요한 명분으로 작용하였다.

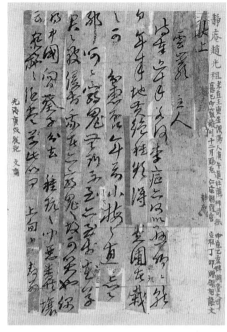

조광조의 편지

중종 대에 일어난 기묘사화己卯士禍 역시 훈구와 사림의 대립이라기보다는 국왕인 중종과 '기묘사림(기묘사화를 통해 화를 입은 조광조와 그 일파)' 간의 대립이었다. 반정反正으로 왕위에 오른 중종은 국정의 주도권을 장악하지 못했고, 왕권이 위축된 가운데 대신과 삼사가 서로 대립하는 일이 잦았다. 대간이 대신을 집요하게 탄핵하는 일이 많아지자 중종은 대간을 제어할 필요를 느꼈는데, 이때 등장한 인물이 조광조였다.

조광조는 중종의 즉위 과정에서 폐비된 신씨(단경왕후)의 복위를 둘러싼 논쟁에서 대간이 언로를 막았음을 지적하여 대간을 모두 교체되게 만듦으로써 조정의 주목을 받게 되었다. 중종의 신임으로 관직이 빠르게 오른 조광조는 부제학으로 있으면서 소격서(도교 행사를 담당하던 관서)의 폐지를 강력하게 주장했는데, 이 과정에서 중종과 크게 갈등을 빚었다. 중종이 소격서 폐지를 반대하자 조광조가 중종을 연산군에 빗대어 비난한 것이다. 두 달간의 논쟁 끝에 결국 소격서는 폐지되었으나 이 일로 중종의 마음은 조광조에게서 돌아섰던 것 같다. (소격서는 기묘사화 후 곧 복설된다.) 또 조광조는 추천으로 관리를 등용하는 현량과 실시를 주장하였는데, '진정한 인재'를 뽑겠다던 현량과를 통해 등용된 인물들은 조광조와 학맥과 인맥으로 연결되어 있거나 서울의 명문가 출신이 대부분이었다.[58] 후일 기묘사림이라 불린 이들은 학문적 수준도 편차가 컸고 당파성과 급진성이 짙었으며 대신들에 대해 부당한 탄핵을 제기하는 일도 잦았다.[59]

정국공신靖國功臣(중종반정의 공신) 가운데 삭훈削勳(공신 칭호를 삭탈함) 대상의 범위도 중종의 뜻과는 맞지 않았다. 중종은 4등 공신 가운데 일부만 삭훈하는 것을 원했으나 조광조는 2·3등 공신 가운데에서도 개정할 사람이 많다고 주장했다. 이 일 역시 조광조의 뜻대로 결정되어 정국공신의 3/4(76명)이 삭훈되었다. 하지만 그로부터 며칠이 지나지 않아 조광조와 기묘사림은 '붕당'을 만들었다는 죄명으로 체포되었고, 한 달 뒤 조광조가 사사되었다.

흔히 기묘사화의 원인으로는 '주초위왕走肖爲王'이라는 글자가 새겨진 나뭇잎과, 공신들의 조광조에 대한 탄핵을 꼽는데, 주초위왕 이야기는 『선조실록』에서 중종 대에 누락된 이야기를 사관이 전해 듣고 별도로 기록한 것이기 때문에, 사실 여부는 정확하게 알기 어렵다.

기묘사화에서 확인되는 대립의 주체 역시 중종과 조광조, 즉 국왕과 신하다. 조광조 일파가 '붕당'을 만들어 자기들에게 붙는 자들로만 요직을 채웠다는 죄명을 아뢴 것은 영의정 정광필 등이었으나, 이들을 불러들여 정죄定罪하라고 지시하고, 조광조를 수괴로 지목한 사람은 국

---

58 현량과로 등용된 인물 가운데에는 조광조를 추천한 좌의정 안당의 3 아들도 포함되어 있었다. 현량과에 합격했던 사람들은 기묘사화 이후 모두 삭과(削科 : 급제 취소)되었다(출처 : 한국민족문화대백과사전-현량과, https://100.daum.net/encyclopedia/view/14XXE0063316).

59 김범, 같은 책, p. 207.

왕인 중종이었다.[60] 위훈삭제로 중종과 조광조가 대립할 당시에도 대신들 가운데 조광조에게 동조하는 사람들이 많았다.

결론적으로, '훈구파'와 '사림파'라는 정파는 처음부터 존재하지 않았고, 이들 간에 대립에 의한 '사화士禍'도 없었다.

왕조국가 체제 하에서 신하들에게 화를 입힐 수 있는 주체는 결국 국왕일 수밖에 없다. 그리고 국왕 또는 최고 권력자가 신하들을 탄압하는 사건은 동서고금의 역사에서 일어나지 않는 곳이 없으며, 우리 역사에만 있는 '특별한' 사건은 아니다. 따라서 사화를 서로 극단적으로 대립하고 있었던 정파 간의 정쟁으로 파악하여 조선만의 특수한 정치 문화를 보여주는 사례처럼 보여주는 것은 잘못된 일이다.

3) 당쟁

작명作名(naming)의 힘

'당쟁黨爭'이라는 용어 역시 우리 역사를 아주 특별하게 만들어주는 용어 중 하나이다. '당쟁' 대신 '붕당정치'라는 용어가 교과서에서 사용된 지도 상당한 시간이 지났지만,[61] 여전히 '당쟁'이라는 용어는 우리 귀에 익숙하다. 당쟁이라는 용어가 특별히 문제가 없다는 주장도 있고, 그렇게 생각하는 것이 타당한 측면도 있다. 하지만 중요한 것은 용어

---

60 『중종실록』 37, 중종 14년 11월 15일.

61 '붕당정치'에 대해서는 '이태진, 「朝鮮王朝의 儒教政治와 王權」, 『한국사론』23, 1990'을 참고할 수 있다.

자체보다는 그 용어가 어떤 의미로 인식되고 있는가 하는 것이다. '사화'의 경우와 마찬가지로 '당쟁' 역시 오랜 학습을 통해 대단히 부정적인 인상을 주는 경향이 있기 때문이다.

프란시스 베이컨은 4가지 우상에 대해 소개하면서 '시장의 우상'이 가장 해롭다고 했다. 시장의 우상은 언어가 본래부터 가지고 있는 본질로 인해 발생하는 것인데, 낱말, 이름, 용어들이 인간의 정신과 1:1로 대응하지 못하기 때문에 대상의 의미를 정확하게 나타내지 못하고 편견을 불러일으키게 된다는 것이다.[62] 서양의 역사에서 '개혁'이나 '혁명' 등 긍정적이고 보편적인 용어를 남발하는 것과, 우리 역사에 '사화', '당쟁', '예송' 등 고유하고 특수한 의미의 사료용어를 고수하는 것이 어떤 결과를 초래하고 있는지에 대해서도 더 신중하게 고민해 보는 것이 좋겠다.

이 밖에도 우리 역사에서는 '개혁'이나 '혁명'으로 불리기에 충분한 사건에 대해서도 '움직임'이라는 뜻의 '운동'이라는 용어를 사용함으로써 중립적인(?) 태도를 견지하려는 노력을 많이 보여 주는데, 이것이 누구를 위한 중립인지는 알 수 없다.

'정쟁政爭'의 의미와 의의

'당쟁'이든 '붕당 간의 대립'이든, 국가가 성립하여 정치라 불리는 현상이 이루어지고 있는 경우 정권을 놓고 여러 정파가 대립하여 다투는 것은 보편적인 일이다. 이러한 정쟁政爭은 동서고금을 막론하고 언제, 어디에서나 있었다. 그런데 이것에 대해 우리는 역사를 정체 또는 퇴행시켜

---

62 루샤오펑, 같은 책, p. 57.

'근대'가 지체되는 원인으로 파악하려는 경향이 있다. 만약 이런 갈등이나 대립이 전혀 일어나지 않고 국왕의 뜻을 무조건 받들어 아무 잡음 없는 정치가 이루어졌다면, 그것을 이상적인 정치라고 말할 수 있을까?

누구나 알고 있는 바와 같이, 인간 세상에 갈등과 대립이 없는 그런 순조로운(?) 정치는 존재하기 어렵다. 만약 존재한다면 엄청난 폭군에 의한 전제정치일 확률이 매우 높다. 정치적 견해를 달리하는 사람들 간에 서로 격렬하게 대립하는 것은 오늘날의 정당 정치에서도 흔히 볼 수 있는 현상이고 이런 맥락에서 본다면 우리는 이미 조선시대에 현대의 정당정치에 준하는 수준 높은 정치문화가 발달했다고 평가할 수 있다.

정치적 대립과 갈등이 반드시 역사를 후퇴시키는 것은 아니다. 다양한 정치세력의 등장은 오히려 국가 발전의 토대가 된다. 조선이 강력한 왕권에 의해 정치적 갈등과 대립이 일어날 수 없는 폭압적인 정치 환경을 만들었다면, 말 그대로 '폭정暴政'을 자행한 것이고 조선은 500여 년의 장구한 시간 동안 이어질 수 없었을 것이다.

선조 대에 동인과 서인이 갈라지게 된 계기에 대해서는 일반적으로는 후임자 추천권이 있는 벼슬자리 하나(이조전랑직)를 놓고 대립한 것으로 설명된다.[63] 그리고 '동인'과 '서인'이라는 이름이 붙은 유래가

---

63 그러나 이조전랑(이조낭관)의 전임자 천거권에 대해서는 하급관료가 상급관료와의 상의 없이 독단적으로 인사를 한다는 것이 불가능하다는 점, 이조전랑의 인사 천거권이 문제가 된 것은 선조 초 이 사례밖에 없다는 점을 들어 회의적인 견해도 있다. 따라서 동서분당의 원인이 이조전랑이라는 자리가 이러한 막대한 인사권을 쥐고 있는 자리였기 때문에 그 이권을 차지하기 위해 일어났다기보다는, 김효원의 외척의 정치 간여에 대한 경계와, 김효원과 심의겸 간의 대립에 대신들이 관여하면서 일어난 것이고, 근본적으로는 과거급제자 수의 증가로 인한 관직부족 등이 원인이었다는 견해(이희환, 같은 책, pp. 76~79)가 더욱 설득력이 있다고 생각된다.

그 대표자 격인 인물이 살았던 동네가 서울의 동쪽(건천동)이고 서쪽(정동)이라서 그렇다는 이야기까지 덧붙이게 되면, 이 시기의 정치에 대해 '한심하다'는 인상을 주기에 부족함이 없어진다. 붕당이 분기分岐하는 첫 시작이 이러했으니, 이런 사람들이 국가 발전을 위해 노력하거나 대의大義를 실현하기 위해 애썼을 것이라는 생각은 여간해서 들지 않게 되는 것이다.

그러나 본질을 들여다보면 붕당이 나누어지게 된 근본적인 원인은 외척 세력의 청산 범위를 놓고 정치적 견해를 달리한 것에 있었다. 명종 대에 '을사사화'가 외척 간의 갈등에서 비롯되었기 때문에 그 뒤를 이은 선조 대에는 이런 문제가 되풀이되지 않도록 하는 것이 무엇보다 중요했던 것이다. 더욱이 선조는 명종의 아들이 아니라 종친 중 선택된 인물이었기 때문에 과거 정치세력과의 관계를 끊고 정치환경을 쇄신하기에 적합한 인물이었다.

만약 동인과 서인이 의견대립 없이 척신 정치를 완벽하게 청산해야 한다는 이유를 내세워 죄가 있든 없든 상관없이 외척들을 모두 처단하는 데 모두가 찬성하였다면, 그런 정치가 과연 이상적이라고 할 수 있을까? 그보다는 강경파의 주장에 반대하는 견해가 내부에서 일어나고, 강경파와 치열한 공방을 벌이는 과정에서 서로 다른 정파를 형성하게 된 부분을 높이 평가해야 할 것으로 생각된다.

붕당이 끊임없이 분기分岐한 것을 부정적으로 보는 견해도 있다. 하지만 이러한 현상은 사안마다 이상적인 결론을 도출하기 위해 그만큼 고민이 많았다는 뜻도 된다. 그리고 대부분 붕당이 갈리는 원인이 상대 정파에 대한 청산 범위와 그 방법에 있었으니, 반대쪽 정파라고 해서 무조건 배척하려고 하는 현대의 정치보다 오히려 더 수준이 높았다고 볼 수도 있다. 같은 정치세력 내에서 상대 붕당의 청산 범위라고 하는 중대한 문제에 대해 다양한 의견이 제기되고 서로 치열하게 논쟁할 수 있을 만큼 자유로운 정치문화가 발달했다는 의미로도 볼 수 있기 때문이다.

다수의 붕당이 존재하는 것은 국왕에게 선택의 폭을 넓혀주는 효과도 있었다. 또 정책을 결정할 때 다양한 이해관계를 가진 사람들이 국왕과 함께 격론을 벌이는 과정을 거쳤으므로 합리적인 결론에 도달할 확률이 더 높기도 했다. 역사 발전에 도움을 주는 측면이 더 많았다는 뜻이다. 붕당 간의 대립과 여러 붕당의 분기를 반드시 부정적인 시선으로 볼 것은 아니다.

4) 예송

호도糊塗된 본질

'예송禮訟'에 대한 인식 역시 사화와 당쟁 못지않게 부정적인 편이다. '예송'은 그 용어 자체가 일종의 고유명사로서의 역할을 할 수도 있는데, 실록 전체를 통틀어 10여 차례 정도 사용된다. '예송'이라는 용어는 그 자체로 사건의 본질이 마치 대비의 복상服喪(상복을 입음)기간에 있었던 것처럼 느껴지게 만드는 효과가 있다. 요즘은 이것을 차자次子였던 효종의 정통성에 관한 의견대립이라고 설명하지만, 이 역시 조선은 '국왕이 몇 번째 아들인지가 그렇게도 중요한 국가였는가'하는 의문이 들게 만든다.

예송은 본질적으로 서인과 남인 간의 정권 다툼이었다. 예나 지금이나 정권은 중요한 것이고 정치를 하는 사람 중에 여기에 사활을 걸지 않을 사람은 없다. 그리고 현종의 치세 내내 다른 일은 하지 않고 오직 예송 논쟁만 하고 있었던 것도 아니다. 효종 대부터 계속 논의되어 왔던 호남 산간 지역으로의 대동법 확대를 실행에 옮겼고 경기에 양전을 시행함으로써 종전에 결당 16두에 추가적 수취까지 이루어졌던 경기선혜법의 문제점을 해결하였다. 또한 도별로 불균등한 수취액을 논의 끝에 1결당 12두로 통일하였다. 대동법 시행 초반에 고려되지 않았던 황해도와 평안도를 제외하고 전국에 대동법을 실시하고 그 액수까지 통일한 것이다.[64] 그리고 민생 안정을 위해 효종 대에 북벌 추진을 명분으로 늘렸던 금군을 축소하기도 하였다. 현종 대에 이처럼 다른 중요한 사실들이 많이 있었음에도 불구하고 예송에 유달리 주목도가 높아 왔던 것도 배경이 없지는 않을 것이다.

예송은 표면적으로 대비의 복상 기간을 둘러싼 논쟁으로 전개되었다. 조선에서 이루어진 정치적 쟁론 과정의 특징은 불합리한 주장을 하는 정파가 종국에 민심과 공론에 의해 외면당하는 경우가 많았다는 점이다. 이것은 비단 조선의 정치만 그랬던 것은 아니겠지만, 조선의 경우에는 조보 朝報(조정의 소식 또는 조정에서 내는 신문, 중종 대에도 발행된 기록이 있으며 승정원에서 발행하였다) 등을 통해 여론 형성이 활발히 이루어졌기 때문에, 정치적 이해관계가 없는 다수의 생각에도 항상 주의를 기울이지 않으면 안 되었다. 즉, 조선의 붕당은 그들이 펴는 주장이 논리에서 밀릴 경우 국왕의 신임과 정치권력을 모두 잃게 될 확률

---

64 이정철, 같은 책, pp. 234~282.

이 매우 커서, 일단 쟁론이 벌어지면 합리적인 근거와 명분을 통해 반드시 승리하고자 하는 경향이 강하였다.

한편 국왕의 입장에서도 대비의 복상문제는 경시할 수 없는 사안이었다. 결정이 어떻게 나느냐에 따라 신하와 백성들이 국왕을 보는 시선이 달라질 수 있었기 때문이다. 특히 두 번째로 발생했던 효종비의 죽음에 대한 복상 기간에 대한 논쟁은 특히 더 예민했다. 효종의 죽음 당시에는 차자의 사망시 그 어머니의 복상기간에 대해『경국대전』에 명확한 규정(장자와 차자 구분없이 1년)이 있었다. 따라서 규정대로 하는 것이 옳다는 생각을 누구나 하였기 때문에 그렇게 주장한 서인의 손을 들어준 것이 크게 문제가 되지 않았다. 하지만 둘째 며느리의 죽음에 대해서는 그런 규정이 없었기 때문에 이것을 어떻게 정하느냐 하는 것이 대단히 중요한 문제였다. 게다가 죽은 소현세자에게 적손이 없는 상태도 아니었으니, 효종비를 둘째 며느리로 취급하여 복상기간을 짧게 하면, 이는 효종이 소현세자의 아들에 비해 왕위계승 서열이 후순위였음에도 불구하고 왕위에 올랐다는 인상을 주게 되고, 결국 소현세자의 적자가 현종보다 왕위계승에서 더 우선순위로 해석될 수 있어서, 현종으로서는 대단히 곤란한 입장에 처하게 되는 것이었다.

이 게임의 결론은 (당연히) 효종의 즉위를 정당한 것으로 인정하기 쉬운 쪽의 주장을 펼친 남인의 승리였다. 남인들은 둘째 며느리도 적장자의 부인과 동일한 기간인 1년 동안 상복을 입자고 주장했던 것이다. 결과를 부정적으로 보려고 하면 성리학적 명분에 집착한 조선왕조의 '한계'라고 볼 수 있겠지만, 이처럼 정치적 유불리가 비교적 선명하게 보이는 상황에서 살아있는 권력인 국왕에게 불리한 주장을 펼치는 정치세력(서인)이 존재할 수 있었다는 사실이 도리어 놀랍다. 일반적인 왕조국가였다면 과연 (서인과 같이) 국왕에게 불리한 주장을 하는 것이 가능했을까? 2차 예송은 그런 면에서 조선의 수준 높은 정치문화를 보여주었다고도 평가할 수 있다. 그리고 조선의 정치권력이 최종적으로 서인 강경파였던 노론에게 돌아가게 된 이유가 어디에 있었는지를 보여준 사건이기도 하다. 비록 당장의 정쟁에서는 패했어도 서인은 눈앞의 정파적 이익보다 원칙에 충실한 붕당이라는 인상을 주는 데 성공했던 것이다.

왕권을 강화하여 중흥의 초석을 놓다

우리 교과서에서 예송은 흔히 '붕당정치가 변질된 계기'라고 설명되어 왔다. 숙종 대에 수차례의 환국換局(정치세력의 교체)이 발생하는 원인을 제공했다고 보는 것이다. '변질'이라는 단어를 사용한 것에서 예송은 물론이고 뒤이어 발생하는 환국 역시도 부정적으로 보는 것을 알수 있다. 잦은 정치세력의 교체가 정치 혼란을 초래했다고 인식하는 것이다.

그러나 숙종 대의 정치가 그렇게 혼란스러웠다고 할 수 있는지는 의문이다. 숙종은 46년의 긴 치세 동안 3번의 환국을 단행했을 뿐이고, 숙종 20년 이후 26년 동안은 정치세력을 교체하지 않았다. 그리고 치세 내내 대단히 강력한 왕권을 행사했다. 중종 이후 줄곧 수세守勢적 위치에 있었던 왕권이 효종 대에 북벌, 그리고 현종 대에 예송을 통해 다시 성장하기 시작해서 숙종 대에 환국을 통해 크게 강화됨으로써 영조와 정조 대의 중흥으로 이어질 수 있었다고 해석하는 것이 오히려 역사적 사실에 더 가깝다.

중종반정 이래로 삼사의 낭관들에게 인사추천권 등을 주며 고관과 삼사의 언관직 간의 상호 견제, 그리고 선조와 광해군 대에는 산림山林에 대한 존숭을 통해 간신히 유지되어 왔던 왕권이, 숙종 대에 이르러서는 신권臣權보다 확실한 우위를 차지했다. 이것은 비단 적장자 출신으로 청풍 김씨 가문의 모친을 둔 숙종이 왕위에 올랐기 때문만은 아니었고, 효종과 현종 대에 있었던 서인과 남인 간의 충돌에서 국왕의 역할이 계속해서 확대되어 온 것이 크게 영향을 미쳤다. 따라서 '예송'과 '환국'은 정치 혼란을 초래한 것이 아니라, 오히려 왕권을 강화하여 영조와 정조 대의 중흥을 이루는 데 초석이 된 사건이라고 보아야 한다.

역사적 사실에 대한 위치 선정의 중요성

사화와 당쟁, 예송과 환국은 모두 정파의 사활이 걸린 쟁투였는데, 서양과 같은 유혈사태가 일어나지 않았던 것이 오히려 이채롭다. 이것이야말로 우리만의 독특한 유교적 가치관의 위력이고, 조선의 정치문화가 갖는 수준 높은 특수성이 아닐까 싶다.

조선에서는 반정이 일어나도 국왕을 목을 쳐서 죽이지는 않았고, 중국처럼 쉽사리 왕조교체가 일어나지도 않았다. 이는 다시 말해 왕조교체 말고는 잘못된 정치를 바로잡을 방법이 전혀 없는 상태가 아니었다는 뜻이다. 서로 다른 정파가 공존하는 것이 언제나 가능했고 조선왕조가 계속해서 유지되어도 그들이 정권을 잡을 수 있는 기회가 언제든 다시 올 수 있기 때문에, 극한 상황이 벌어져도 그것이 곧바로 왕조교체로는 이어지지 않았던 것이다.

정파 간의 대립이 일어났을 때 그 표면적인 원인을 사건의 본질로 둔갑시키는 것은 잘못된 일이다. 프랑스혁명의 경우도 단순히 '삼부회의 의결방식'만 가지고 그렇게까지 전개되었다고 설명하면 대단히 이해하기 힘든 사건이 될 수 있다. 그 배경을 '구제도의 모순'으로까지 확대하고, 결과를 새로운 지배 계층의 등장으로 인한 사회구조의 변혁으로까지 포장해서 프랑스혁명에 움직일 수 없는 정당성과 세계사적 의미를 부여한 것은, 프랑스혁명이라는 사건 자체가 가졌던 힘이라기보다는 유럽인들이 자기들의 역사를 보는 독보적이고 긍정적인 시각이 위력(?)을 발휘한 것에 가깝다.

어떤 역사적 사실을 이해하기 힘든 '특수한' 사건으로 보이게 하거나, 충분히 이해할 수 있는 '보편적인' 현상으로 보이게 만드는 것은 그것을 해석하는 역사가의 시각에 달린 문제다. 그리고 어떤 사건을 발전 또는 쇠망으로 가는 길 중 어느 곳에 배치할 것인가를 선택하는 것도 온전히 역사가의 몫이다. 역사가가 두려워해야 하는 것은 그의 선택으로 인해 역사의 발전과 퇴행에 대한 인식이 서로 뒤바뀌게 되었을 때 국가의 현재와 미래에 끼치게 될 영향이다.

5) 탕평

의문의 1패를 당한 숙종 대의 정치

조선시대 '탕평蕩平' 정치에 대한 교과서의 평가도 읽어보면 대단히 의아한 부분 중 하나다. 숙종은 탕평을 말했지만 스스로 잦은 환국을 단행하였기 때문에 탕평이 되지 않았고, 영조와 정조 대의 탕평도 실상은 붕당을 완전히 없애지 못하고 강력한 왕권으로 당쟁을 억누른 것에 불과하여 '한계'가 있었다는 것이다.

그런데, 잦은 환국이 왜 탕평의 실패인지, 붕당을 완전히 없앤다는 것이 도대체 무슨 의미인지에 대해서는 아무런 설명을 찾아볼 수 없다. 숙종의 치세는 총 46년간 이어졌다. 이 기간 동안에 총 3번의 정치세력 교체가 일어났는데, 경신환국은 숙종 6년, 기사환국은 숙종 15년, 그리고 갑술환국은 숙종 20년에 이루어졌다. 남인과 서인이 교차하며 정권을 잡았는데, 최종 갑술환국으로 서인이 집권한 숙종 20년 이후 26년간 정치세력의 교체가 이루어지지 않았다. 이것을 꼭 '잦은' 정치세력의 교체로 보아야 할까? 그렇다면 하나의 정파가 최소한 6년, 혹은 10년 이상 정권을 잡고 있거나, 한 사람의 국왕이 집권하는 동안은 하나의 정파에 의해 정치가 운영되는 것이 정상적이라는 뜻인가?

정치세력이 교체되는 것이 왜 반드시 부정적인 결과를 초래한다고 생각하는지 알 수 없다. 숙종 대에는 왕권이 강화되었고 황해도와 평안도까지 대동법이 전국적으로 실시되었으며 인구와 경지 면적도 계속해서 증가하는 추세에 있었다. 관방關防(국경 수비) 시설에 대한 보수 공사도 활발히 진행되어 말 그대로 부국강병富國强兵이 이룩된 시기라고 할 수 있다. 신분 상승의 가능성 또한 효종 대의 19%대보다 크게 높아져서 30%대로 뛰어오르는 시기다.[65]

정치세력을 교체하는 정책이 탕평 정치의 이념에 어긋난다고 생각하는 까닭은 개인의 주관적인 생각일 뿐이고, 매우 이해하기 어려운 생각

---

65 한영우, 『과거, 출세의 사다리』 1권, 지식산업사, 2013, p. 634의 그래프 참조.

이다. 만약 이러한 환국 없이 하나의 정치세력이 숙종의 46년 치세 내내 정권을 장악하고 있었다면, 탕평 정치가 성공했다는 평가를 받았을까? 만약 그랬다면 숙종의 치세는 극도로 편당적인 정치가 이루어진 시기로 평가되는 것이 더 마땅할 것이다.

숙종이 자신의 정치 철학에 어긋나는 행동을 하는 정치세력을 배척하고 다른 정파를 기용하면서도 적절한 명분과 논리를 세워 이를 관철시킨 것은 그의 탁월한 정치적 판단력에 의한 것으로 보아야 한다. 물론 숙종 자신이 조선왕조에서 대단히 드문 적장자 출신의 임금이었고 외가外家가 든든한 배경이 되어 주었던 것도 사실이지만, 그럼에도 불구하고 그가 환국을 단행하는 데 명분이 약했다면 상당한 정치적 불안을 초래할 수 있는 일이었다. 그리고 정치적 성패는 사회경제적 지표의 변화를 근거로 평가되는 것이 마땅한데, 숙종 대는 대단히 큰 기근 등 자연재해에도 불구하고 경지 면적의 증가와 인구 증가 등 발전적인 변화를 보여준 시기였다.

애민愛民의 신神, 영조에게 덮어씌운 '한계'

영조의 탕평책에 대한 평가는 더욱 이해하기 어렵다. 영조는 관리를 임명하는 데 '쌍거호대雙擧互對'의 원칙을 세워 하나의 부서에 노론과 소론, 때로는 남인까지도 고루 등용하는 정책을 폈다. 영조 4년(1728)에 자신의 즉위에 반대하던 소론 강경파에 의해 무신란戊申亂(이인좌의 난)이 일어났을 때, 노론의 극렬한 반대에도 불구하고 같은 소론 온건파에게 진압을 맡김으로써 진정한 의미의 탕평이 무엇인지를 보여주었다.

당시 노론과 소론의 쟁투는 경종 대에 영조(당시 연잉군)의 세제 책봉에 반대했던 것과 노론 4대신에 대한 처형(신임옥사)에서 비롯된 것으로, 정파 간의 대립이 여기까지 이르렀다면 노론의 지원을 받은 영조가 왕위에 올랐을 때 소론의 정치적 생명은 다했다고 보는 것이 옳을 것이다. 그럼에도 불구하고 영조는 노론에게 정권을 다 맡기지 않았고 소론을 참여시켰으며 심지어 소론에 의한 반란을 같은 소론에게 진압하게 하는 대범함을 보였다. 이후에도 소론 세력을 정치적으로 배제하려는 노론의 의견을 물리치고, 정파에 상관

영조 초상

없이 능력에 따라 인재를 등용하고 사안 별로 시비를 가려 판단함으로써 붕당 간의 대립을 의미 없게 만들었다.

영조 대에는 기근이 잦았을 뿐 아니라 인구 100만 명 이상이 사망하는 대규모 역병이 돌기도 했으나, 경제가 빠른 회복력을 보여 경지 면적과 인구가 꾸준히 증가하는 추세를 보였고, 신분 상승의 가능성도 꾸준히 상승했다. 영조의 치세가 선정善政이 아니었다면 나타나기 힘든 결과다.

영조는 '균역均役'을 위해 평생을 바쳤다고 해도 과언이 아닌데, 사실 군포의 폐단은 세종의 공법과 전국적인 대동법 실시로 인한 일종의 '풍선효과'였다. 본래 국세國稅의 대종大宗인 '전세, 공납, 역'에서, 전세는

고려시대에 1결당 30두였던 것을 실상 4두로 줄였고, 공납은 대동법 실시로 토지에 부과되어 납세의 주체 자체가 바뀐 상태였다. 게다가 대궐과 수도를 지키는 5군영은 월급을 주어야 하는 직업군인으로 구성되어 있었으니, 이런 상황에서 국가재정이 양인들이 군역 대신 내는 군포軍布에 의지하게 된 것은 필연적이었다. 숙종 대에 이미 1년에 3~4필을 내던 것을 2필로 조정하긴 하였으나, 영조는 여기에 만족할 수 없었다. 영조는 이보다 더 근본적인 개혁을 원했는데, 그 방향은 양반에게도 일반 상민과 동일하게 군포를 물리는 것이었다. 모든 가호家戶에게 군포를 부과하는 '호포론戶布論', 또는 '호전론戶錢論(포 대신 동전으로 납부함)'이다. 하지만 이는 종전에 군포를 내지 않던 양반들의 거센 반발을 받았고 영조는 이를 돌파하기 위해 대궐 문 앞으로 나가 백성들의 여론을 직접 듣는 순문詢問을 단행했다. 순문 과정에서 끊임없이 제기된 문제는 바로 경제력이 없는 잔반과 빈민에 대한 대책이 없다는 부분이었다. 실제로 당시에는 이미 경제력이 없는 양반들도 많았기 때문에, "가난한 양반들도 전하의 백성"이라는 말은 영조를 한 발 물러서지 않을 수 없게 만들었다. 1년에 군포를 1필로 줄인 균역법은 그렇게 시행된 법이었다. 균역의 방향성을 결정하고 나니 그 다음에는 부족해질 것이 명약관화한 국가재정이 문제였다. '어염세'를 대안으로 내놓은 사람은 소론 출신의 박문수였다. 어염세는 지방의 거대한 궁방, 토호 등이 장악하고 있던 세금이었는데 이를 중앙에 귀속시키자는 제안이었다. 노론 출신의 홍계희는 양반을 사칭해 군포를 내지 않던 부유한 양인들을 선무군관으로 뽑아 대우해 주면서 시험에 통과하지 못한 사람들에게 포를 물릴 것을 제안했다. 홍계희는 본래 노론 강경파에 속한 인물이라서 소론인 박문수와 자주 충돌했으나, 이때에는 노론 내의 비판에도 불구하고 박문수와 협력하여 개혁에 앞장섰다.[66] 영조의 탕평은 바로 이런 모습으로 구현된 탕평이었다.

그런데 이러한 영조의 통치에 대해서도 붕당을 완전히 없애지 못했다고 하며 탕평책에 '한계'가 있었다고 하니, 그 한계를 갖지 않으려면 소론을 모두 죽여 없애 노론 일색으로 만들었어야 한다는 것인지, 아니면 노론과 소론, 남인까지 모든 신하들을 정계에서 축출하여 조정에 국왕 혼자 남았어야 한다는 뜻인지, 어떤 의미로 그러한 평가를 내린 것인지 알 수 없다.

영조가 말년에 청계천 주변에 어렵게 사는 백성들을 위해 하천 바닥을 쳐내는 대대적 공공사업을 벌인 것(준천濬川)은 해방 이후 지금까지 교과서에 거의 언급된 일이 없는데, 영조가 붕당을 모두 없애버리지 못했다는 탕평책의 한계는 거의 빠짐없이 언급되는 것은 무슨 이유에서인지 모르겠다.

영조의 치적 중 탕평, 균역에 이어 세 번째이자 최대 치적으로 꼽히는 것이 준천(청계청 바닥을 긁어내고 물길을 바로잡은 공사)이다. 18세기에는 이미 지방에서 먹고 살 길이 없어진 많은 빈민들이 개천(청계천) 주변에 움막을 짓고 살고 있었다. 개천은 도성 내의 생활하수를 처리하는 역할을 하였는데 오랜 시간이 흐르면서 오염물이 개천 바닥에 쌓여 수위가 높아진 나머지 장마철만 되면 넘쳐흘러 주변의 빈민들이 피해를 입었다. 이에 영조는 1760년 준천사를 설치하고 개천 바닥을 쳐내는 대대적인 공사를 시작하였다. 이 과정에서 헐리는 집들은 재목과 집값에 해당하는 돈을 주어 다른 곳에 다시 짓게 했고, 왕실 소유의 궁

---

66 김백철 외, 『민음한국사-조선04, 18세기 왕의 귀환』, 민음사, 2014, pp. 66~77.

광통교 '경진지평'

실을 개방해 임시 숙소로 삼게 했다. 또 57일간 벌어진 공사에 총 21만여 명이 참여했는데, 이들을 배불리 먹이고 임금을 주는 데에도 신경을 많이 썼다. 도성 주민 1만여 명이 자발적으로 참여하기도 했다. 천변 백성들이 "백 년 동안 하천 걱정을 하지 않게" 해주기 위해 시작한 대공사의 끝에는 앞으로의 준천 사업의 기준이 되는 수위를 표시한 '경진지평庚辰地平'이라는 글자가 새겨졌다.[67]

영조는 모친의 출신이 양인이 아닌 천출인데다 숙종의 아들이 아니라는 의심에, 경종 독살의 혐의까지 받았던 임금이었다. 하지만 그런 그가 그 오랜 치세를 유지할 수 있었던 것은 '애민愛民'에 대한 진심 때문이었다. 심지어 나라와 백성을 해할 것을 우려하여 살아있는 유일한 아들을 자신의 손으로 뒤주에 못질하여 죽일 수 있는 아버지가 바로 영조였다. 그런 영조의 치세에 함부로 '한계'를 지어 후대에 '가르치는' 일은, 우리가 할 일은 아닌 것 같다.

---

67 김백철 외, 같은 책, pp. 84~95.

정조가 사는 이유

정조는 영조와는 매우 다른 정치적 과제를 안고 왕위에 오른 임금이었다. 영조에게는 왕위계승을 둘러싼 노론과 소론의 극한 대립이 해결해야 할 최우선 과제였던 것에 비해, 정조는 친부親父인 사도세자의 죄인 신분을 벗기는 것이 평생의 과업이었다. 따라서 정조는 치세 내내 정파에 상관없이 모든 신하들이 스스로 마음에서 우러나와 사도세자가 부당하게 죄인이 되었다고 생각해 주기를 바라고 그렇게 설득했지만, 조선의 선비들은 타고난 기질이 사실과 사실이 아닌 것은 구분하는 천성을 타고나서 그런지 정조의 노력은 종국에 성공하지 못하였다.

왕조국가체제에서 왕위계승의 정통성은 곧 권력의 정당성과 직결되는 문제였다. 다시 말해 왕위계승이 정당하게 이루어진 것이 아니면 국왕의 자리에 하루라도 앉아있을 수 없다는 뜻이다. 국왕을 폐출하고 다시 세우면서 정통으로 다시 돌아간다는 의미의 '반정反正'이라는 용어를 사용했던 것도 바로 그런 이유 때문이었을 것으로 보인다. 물론 권력의 뿌리는 민심이므로 민심을 얻어 새로운 정통성을 세우는 것도 가능한 일이다. 하지만 이것은 글자 그대로 '혁명'이 일어나야 하는 일이다.

아버지가 정통성을 갖지 못하는데 그 아들이 정통성을 갖는 것은 사실상 불가능한 일이었다. 사도세자는 죄인으로 죽었고, 죄인이 왕위계승의 정통성을 가질 수는 없는 일이다. 죄인으로 죽은 친부를 두었다는 사실이 정조에게 어느 정도의 콤플렉스였을지는 현대인의 상상력으로는 가늠하기 어려울 것 같다. 영조가 비록 정조를 효장세자의 양자로 삼았고 정조 스스로도 근본을 둘로 나누지 않겠다不貳本고 천명

수원 융릉(사도세자 묘)

하였지만, 그가 사도세자의 아들인 것은 부인할 수 없는 사실이었다. 따라서 정조가 그 일에 집착하였던 것을 탓할 수는 없겠다.

정조는 수원 화성을 축조하고 자신은 그곳에 상왕으로 물러앉은 뒤 아들인 순조에게 사도세자의 추숭을 맡기려고 했던 것으로 보이나, 그 자신이 49세의 젊은 나이로 사망함으로써 뜻을 이루지 못했다. 사도세자를 '장조莊祖'로 추숭하는 일은 고종 대에 이루어졌다.

정조의 정치 역시 노론 시파와 소론, 남인을 고루 등용하였고, 서얼 출신을 규장각 검서관으로 기용하는 등 능력에 따라 인재를 고루 등용하였다는 점에서 탕평 정치를 펼쳤다고 볼 수 있다. 다만 정조의 경우에는 영조와 같이 붕당 간의 극한 대립을 해소하고 정치권력이 특정 정파에 의해 사물私物화 되는 것을 막고자 하였다기보다는, 노론 벽파에 대항하기 위한 친親국왕적 정치세력을 육성하는 데 더 비중이 있었다는 점에서 탕평 그 자체를 목적으로 하였다고 보기는 어렵다.

정조 대에도 조선왕조는 경지 면적과 인구, 신분 상승의 가능성 등이 더욱 확대되었고 이러한 흐름은 순조 초까지도 계속되다가 1811년 이후 본격적인 세도정치가 시작되면서 하락세로 돌아선다.

정치적 성패에 대한 '객관적인' 평가 기준

국왕의 통치 정책과 그 치세에 대한 평가는 당시 사회경제적 측면에서 일어난 구체적인 변화와 연관되어 이루어져야 한다. 숙종과 영조 대에는 대규모 재난에도 불구하고 정부가 이에 효과적으로 대응함으로써 경지 면적과 인구 등의 지표가 단기간 하락하였다가 다시 회복하는 양상을 보여주었고, 재위 기간 동안 이러한 중요 경제 지표들의 전반적인 상승세가 이어졌다. 정조 대의 발전은 정조의 치세에 독자적으로 이루어진 정치 개혁의 결과라기보다는 이미 현종 대부터 시작되었던 역사의 상승 국면이 꽃을 피웠다고 할 수 있으며, 정조 말년에 이루어진 수원 화성 축조 등으로 인한 재정 부담이 그의 사후 세도정치의 단초를 낳은 것으로 보인다. 따라서 숙종 대에 정치세력의 교체가 몇 차례 있었다고 해서 정치적 실패를 논하는 것은 타당하지 않고, 영조와 정조가 붕당을 모두 없애버리는 대규모 숙청을 단행하지 않았던 '한계' 때문에 세도정치가 초래된 것은 더더욱 아니었다.

II.

프레임을 깨는 역사

우리가 '선진국'이 될 수 없는 진짜 이유

역사의 발전과 퇴행을 판단하는 기준은 우리가 역사를 접하는 무수한 경로를 통해 은연중에 형성된다. 만약 지금 이 순간 서양이 우리보다 더 '발전된' 역사를 가졌다고 확신하고 있다면, 아마도 그것은 많은 역사가들이 현재의 상태를 과거에 상응한 필연적인 결과로 보이게 하려고 노력한 것이 결실을 맺은 것에 가까울 것이다. 이는 다시 말해, 현재 국제 사회의 역학관계가 바뀌지 않는 한 과거 역사 발전의 순위도 바뀔 수 없다는 암울한 소식이기도 하고, 동시에 우리가 주입받은 역사 발전에 대한 잘못된 기준이 미래에도 순위를 바꿀 수 없게 하는 치명적인 함정일 수 있음을 암시한다.

서양이 탄생시킨 자본주의는 이미 '근대'의 지표로 자리를 잡았고, 특히 우리나라에서는 서양에서 기획한 '근대'와의 접근성이 역사 발전의 판별 기준으로 확고한 위상을 차지하고 있다. 근대의 시작은 우리 역사에서 가장 중요한 사건이 된 지 오래고, 그 이전에 일어났던 모든 역사적 현상들은 '전근대적'인 것들일 뿐이다. 그런데, 그럼에도 불구하고 포기되지 않는 질문이 있다.

인간의 역사 발전을 물질적 측면의 변화로 판단하는 것이 과연 합당한가?

인류 역사가 시작된 이래 인간의 의지가 향하는 방향은 언제나 더 풍요로운 삶이었다. 풍요를 향한 인간의 바람은 한 순간도 멈추어 선 일이 없었고, 구석기 시대에 인류가 남긴 벽화에서조차도 이러한 바램을 쉽게 읽을 수 있다. 유물론적 역사관에 입각해서 만들어진 역사발전 단계에서도 단계를 이동시키는 근본적인 동력은 더 많은 산출을 얻고자 하는 인간의 보편적인 욕구였다. 이렇게 생각하면 결국 인간의 보편적인 욕구야말로 역사를 발전시키는 원동력이라고 볼 수 있다.

그렇다면 인간의 보편적인 욕구에는 어떤 것들이 있을까? 매슬로우 Maslow에 의하면 인간은 생리적 욕구를 충족하고 나면 더 상위에 있는 고차원적인 욕구를 가지게 된다고 하였다. 안전, 소속, 존경과 인정, 자아실현과 성취, 이타적 행위 등에 대한 욕구가 바로 그것이다. 그리고 우리가 역사 속에서 충분히 확인할 수 있는 바와 같이, 모든 인간은 권력 획득의 욕구를 가지고 있다.

매슬로우는 인간의 욕구들 간에 단계를 이야기했지만, 어쩌면 생리적 욕구를 포함해서 인간의 모든 욕구는 처음부터 화학적으로 융합되어 있는 것일지 모른다. 물론 생존과 관련된 것이 결핍된 상태라면 그것을 최우선적으로 충족하려고 하겠지만, 그 결핍이 절대적인 정도가 아닌 이상 모든 욕구는 서로 대단히 긴밀하게 관련되어 있는 것처럼 보이는 것이 사실이다.

풍요로운 삶에 대한 욕구가 인류 역사에 어떤 영향을 끼쳤는지는 서양의 역사가들이 이미 충분히 설명한 것 같다. 생산력이 증가함으로써 시장경제가 발달하고 자본주의 사회로 진입하는 것이 곧 역사의 발전이라는 그들의 생각은 심지어 우리 역사 교과서에서도 선명하게 읽힌다. 이러한 서양사가들의 노력으로 자본주의의 발전이 곧 역사 발전이라는 믿음이 널리 확산되어 온 세계가 자본주의의 발전을 위해 노력한 지도 꽤 오랜 시간이 지났는데, 어떻게 된 일인지 인류 전체의 역사 발전은 기대만큼 이루어지지 않고 있다. 단지 전 세계적으로 생산되는 물질의 총량만이 끝없이 증가하고 있을 뿐이다.

현대 세계에서 선진국과 후진국 간의 경제적 격차는 나날이 증가하고 있고, 국가 내에서도 모든 종류의 격차가 이전보다 더욱 커져만 가고 있다. 심지어 자본주의의 종주국들이 정한 역사 발전 기준에 맞추어 가장 모범적으로 발전해 온 우리나라조차도, 아무리 해도 그 위대한 '근대화'에 일찍 성공한 국가들을 도무지 따라잡을 수가 없다. 이런 추세라면 현재의 역사 발전 순위는 앞으로도 영원히 계속될 뿐, '역전'은 불가능할 것 같다.

물질적인 측면이 발전하면 인간이 더 풍요로워지고 그것이 곧 인류 역사의 발전을 가져다줄 것이라는 생각은 애초에 환상이라기보다는 망상에 더 가까웠을지도 모른다. 산업과 과학기술의 발달은 풍요로운 삶의 토대일 뿐 인간의 삶을 진정 풍요롭게 만들어주는 것은 처음부터 인간 자신일 수밖에 없었던 건 아닐까?

이제는 '동도서기東道西器(동양의 사상을 근본으로 삼으면서 서양의 과학기술을 도구로써 받아들임)'가 역사 발전을 가로막은 '한계'였는지, 아니면 '서도서기西道西器(서양의 과학기술뿐만 아니라 사상과 학문 등을 모두 받아들임)'가 빠뜨린 함정에서 우리가 아직도 헤어나지 못하고 있는 것인지, 늦었지만 다시 생각해 볼 때가 되었다.

만약 베버가 맞고, 마르크스가 틀렸다면?

역사는 과거에 살았던 사람들이 무엇을 가장 가치 있게 여겨왔고 그것을 어떻게 추구해 왔는지를 현재의 우리에게 보여준다. 마르크스는 상부구조와 하부구조를 분리하여 생각했지만, 어쩌면 인간의 역사에서 이 두 부분은 한 번도 분리된 적이 없었다. 엥겔스도 나중에 그들의 이론이 양자 간의 상호작용을 배제한 것은 아니라고 설명했다. 그러므로 인간의 보편적인 욕구 가운데 물질적인 풍요에 대한 욕구가 성취해 온 부분만을 따로 떼어 생각하기보다, 인간의 총체적 욕구가 실현되어 온 과정을 역사가 알려주는 대로 따라가 보면, 역사 발전의 진짜 패턴을 발견하는 데 성공할지도 모른다.

베이컨과 데카르트는 이성의 증가를 발전의 원동력으로 보았고, 베버는 합리성의 증가를, 헤겔은 자유의 확장을 역사의 발전으로 보았다. 이들의 생각은 조금도 틀리지 않았다. 이성과 합리의 증가는 인간의 자유를 확장시키고 자아실현의 가능성을 넓혀준 것이 맞다.

반면에 일정 정도 이상의 영토와 인구를 가진 사회에서 '불합리'가 한도를 초과하면 그 사회는 존속할 수 없게 된다. 불합리에 의한 피해자의 숫자가 그로 인한 수혜자의 숫자보다 압도적으로 많기 때문이다. 따라서 규모가 작은 중세 장원이나 일본의 막부 정권 시대에 있었던 번審 같은 곳에서는 불합리의 한도가 제한을 받지 않게 되는데, 이 경우에는 피해자 전체가 힘을 합친다고 해도 수혜자들이 소유한 무력을 능가할 수 없기 때문에 불합리가 아무리 커져도 이를 바로잡을 힘이 없기 때문이다.

합리성의 증가가 역사의 발전을 가져온다는 베버의 생각은 대단히 타당한 생각이었다. 다만 그의 주장이 가졌던 치명적인 오류는 비유럽 세계의 합리성에 관한 것이었는데, 그에게 비유럽 세계의 역사에 대한 정보가 심하게 부족했던 탓이었다. 베버는 유럽이 최고의 이성과 합리성을 가진 문명사회라고 믿었지만 사실은 그렇지 않았다. 18세기 유럽인들의 이성과 합리에 대한 숭배는 그 이전에 유럽에 만연했던 불합리의 정도에 비례하여 높았던 것뿐이다.

상당한 규모 이상의 영토와 인구를 가진 국가의 경우, 불합리에 대한 경계와 관리는 국운國運을 좌우하는 중요한 문제였다. 동양의 정치철학에서 전통적으로 민본民本을 강조해 왔던 것은 그런 이유에서였다. 민심民心을 잃으면 나라를 잃게 된다는 말이 헛말이 아니라는 사실은 각국에서 남긴 역사 기록을 통해 충분히 증명되는 바였다. 따라서 1,000년 혹은 500년간 지속된 국가에 대해 단지 왕조국가이고 전제정치를 했기 때문에 무조건 불합리의 총량이 (유럽보다) 압도적으로 많았을 것이라고 전제하는 것은, (의도적인 것이 아니라면) 대단히 비논리적이고 비역사적인 사고다. 인간은 누구나 사고력과 판단력을 가지고 있고, 보편적인 욕구도 가지고 있다. 그들이 힘을 합치면 수정할 수 있는 불합리를 수백 년이나 참고 살 까닭이 없는 것이다.

역사 발전의 동력은 인간이 자유를 더욱 확대하고자 하는 욕구로부터 제공되고, 자유의 확대는 이성과 합리가 더욱 증대된 시스템에 의해 가능하다. 그리고 이런 국가를 만들기 위해 국가 운영의 주체들을 최대한 잘 가르쳐 보려고 했던 사람이 바로 공자와 맹자였다. 그들이 생각하는 이상적인 정치는 덕치德治와 인의仁義을 강조하는 '왕도정치王道政治'였고, 이것은 무력과 권모술수를 앞세우는 '패도정치霸道政治'의 반대말이기도 했다. 왕도정치는 민의民意와 공론公論을 중시하는 정치를 말하는 것이었고, 국왕의 독단에 의해 저질러지는 불합리를 극도로 경계하는 정치였다. 서양에서 '합리'를 추구하는 계몽사상이 유행한 것이 18세기라면, 동서양 간에 약 2,400년가량 차이가 있긴 해도 공公적 의미의 국가가 형성되던 시기에 양쪽 모두 '합리'를 추구하였다는 점에서 그 출현 배경은 상당히 닮아있다고 볼 수 있다.

합리성의 증대는 인간이 욕구를 충족할 수 있는 기회의 확대를 통해 증명된다. 여기서 말하는 '기회'는 곧 사회계층 간의 이동 가능성, 신분 상승, 출세出世, 혹은 입신양명立身揚名 등으로도 표현될 수 있다.

기회의 확대가 곧 합리성의 증대를 가져오고 그것이 역사를 발전시 킨다는 이러한 가설은 역사의 전개 과정을 통해 검증될 수밖에 없다. 따라서 지금부터 이러한 욕구의 충족 가능성, 즉 기회의 확대가 역사 발전과 어떤 상관관계를 갖는지, 우리나라의 역사 전개를 위주로 살펴 보기로 하겠다.

1. '신분身分'의 탄생

국가와 신분제도 간의 공생共生 관계

아주 당연한 이야기지만, 인간 사회에는 언제나 권력관계가 존재해 왔다. 신석기 시대까지는 혈연 중심의 비교적 평등한 공동체 사회가 유 지되었다고 하는데, 그때에도 권력적인 성격의 지도자 역할을 누군가 가 수행하는 상황은 왕왕 존재했다.

금속기의 등장 이후 권력관계가 좀 더 뚜렷하게 정립되면서 초기 국 가 형태의 정치체가 형성되었다. 이러한 정치체를 이루게 된 배경은 생 존하기 위해서였다. 짐승들의 공격이 수시로 일어날 수 있고 생산력의 미발달로 대다수가 굶주릴 수밖에 없는 상황이어서, 인간은 살아남기 위해 집단을 이루고 방어력을 갖추고자 노력할 수밖에 없었다.

권력은 당시 상황에서 요구되는 능력을 가장 많이 갖추고 있는 사람이 차지하는 것이 당연했다. 초기 정치체의 성립 단계에서 집단의 생존을 위해 필요한 능력은 신체적인 능력을 포함하여 위기 상황에 대응하는 능력이었다. 따라서 이런 능력이 가장 뛰어난 사람이 외부 세력과의 충돌에서 자신의 능력을 입증함으로써 권력을 장악하는 경우가 많았다.

그러나 집단의 수장이 아무리 뛰어난 능력을 갖추고 있어도 훨씬 더 많은 숫자의 적들이 공격해 온다면 역부족일 수밖에 없기 때문에, 각 정치체들은 생존을 위해 서로 세력을 합쳐 공동의 적에 대응하기 위한 체제를 만들었다.

정치체들이 세력을 합칠 때 권력을 배분하는 기준은 각 정치체가 가진 힘의 우열이었다. 전투가 벌어졌을 때 가장 큰 역할을 하는 집단이 전투 결과로 얻은 이익을 더 많이 차지하는 것은 물론이고, 전투가 없는 상태에서도 각 집단이 가진 물리력의 크기가 서열을 결정했다. 그리고 이렇게 정해진 서열은 의식주는 물론, 중요한 일에 대한 결정권, 회의를 할 때 앉게 되는 좌석의 크기와 높낮이, 사냥과 농경 등 생산 활동에 의한 수확물의 배분에 이르기까지, 인간의 삶 가운데 유·무형적 이익과 관련된 모든 영역에 영향을 미치지 않는 부분이 없었다.

비록 작은 집단이라고 해도 집단의 수장의 위치를 가진 자와 그렇지 못한 사람들 간에 누릴 수 있는 권리의 차이는 상당했다. 따라서 수장은 수장들의 집단에서, 가신들과 일반 구성원은 각각 그들이 속한 동류 집단 내에서 차등 있게 권리와 의무를 배분받았다. 『삼국지』 위서 동이전 고구려조에서는 '모든 대가大加(수장)들 또한 자체적으로 사자, 조의, 선인을 두었는데, 그 명단을 왕에게 보고하였고, 이들은 중국의 경卿, 대부大夫 등 가신家臣과 같은 존재로서 회합할 때 앉는 자리는 왕의 사자, 조의, 선인과 같은 열에 앉을 수 없다"라고 전한다.

이로 미루어보았을 때 국가 형성 초기의 각 정치세력은 독자적인 행정조직을 가지고 있었고, 다만 그 위계가 왕의 가신들에 비해 낮았음을 알 수 있다. 따라서 이들 세력이 본격적으로 중앙에 편입되는 단계에서는 연맹장(대가大加)과 그 가신까지는 일정한 세습적 특권을 주어 귀족계층을 형성하였을 것으로 보이고, 귀족층 내부에서의 위계는 연맹장의 세력의 크기에 영향을 받았을 것으로 생각된다.[2] 이런 방식으로 어느 정도 규모까지 성장하게 된 연맹체는 점점 더 그 권력 행사의 효율성을 추구하게 되었는데, 대개 초기 국가의 집권체제가 형성되는 과정은 이렇게 진행되었을 것으로 추측해 볼 수 있겠다.

그런데 여기서 반드시 짚고 넘어가야 하는 문제가 있다. 인간의 수명은 본시 유한한 것인데, 한 세대에서 정해진 신분적 위계 서열이 자자손손 세습되는 것은 누가 보아도 대단히 '불합리'하다는 점이다. 인간의 욕구는 모두에게 보편적으로 존재하는데, 이러한 욕구 실현의 기회가 오직 혈통에 의해 좌우되는 것은 지배층으로 태어난 이들에게는 좋

---

1 『삼국지』 권30, 위서30, 동이전, 고구려.

2 초기 국가의 형성과정에 대해서는 대단히 많은 설명이 있다. '부(部)'의 성격에 대해서는 초기 철기 시대에 독자적으로 존재하던 정치세력들이 하나의 상위 정치체(고대왕국)를 형성해가는 과정에서 각자가 하나의 대등한 부로서 포섭된 것으로 보는 견해가 다수설이다. 이 설에 따르면 이들 부 가운데 가장 강력한 부의 수장이 왕이 된 것으로 보고, 이들 부는 상위 정치체인 국가 권력이 강화됨에 따라 점차 독자적 성격을 잃고 국가의 하나의 행정구역으로 편제되었다고 한다. 이에 비해 (삼국사기 초기기록을 근거로) 왕은 처음부터 각 부를 통할하는 지위에 있는 상위정치체의 수장이었다고 주장하는 견해(이종욱)도 있다.

은 일이지만 대다수의 피지배층에게는 참을 수 없는 일이다. 하지만 그렇다고 해서 사회적 '계급' 또는 '신분'을 매 세대마다 새로운 실력대결을 통해 결정하려고 하면, 그 집단은 몇 세대 이상 존속하기 어려울 것이 틀림없다. 자기들끼리의 경쟁으로 인해 외적의 침입에 효과적으로 대처할 수 없을 것이기 때문이다.

부모의 능력이 그 자손에게 고스란히 유전될 가능성이 많지 않다는 것은 과거인들이라고 해서 모르지 않았다. 실력으로 상위의 위계를 차지한 자의 자손이라고 해도 보잘 것 없는 능력을 갖고 태어날 수 있고, 집단 형성 초기에 하층 신분에 속하게 된 자에게서도 뛰어난 능력을 소유한 자손이 태어날 가능성은 항시 존재하게 마련이다.

하지만 절대다수의 인간들은 유전자가 보증하는 것이 별로 많지 않다는 사실을 여간해서 인정하려고 하지 않았다. 일단 자신의 실력으로 어느 정도 이상의 사회적 지위를 차지한 인간들은 능력이 떨어지는 자손이라 하더라도 어떻게든 그 자손에게 자신의 지위와 특권을 물려주기를 원했고, 이는 본능에 속한 영역이었다.

소규모 정치체에서는 지배적 지위를 차지한 집단이 압도적인 물리력으로 피지배층을 억압하여 특권을 세습하는 것이 가능하다. 유럽의 장원에서 영주의 봉건적 특권이 오랜 기간 세습될 수 있었던 것은 그런 이유에서였다. 하지만 정치체의 규모가 일정 정도 이상으로 커지면 물리력에만 의존해서는 특권적 지위를 유지할 수 없다. 피지배층의 숫자가 압도적으로 많기 때문에 이들이 마음만 먹으면 소수의 무력집단을 제압하는 것이 가능하기 때문이다. 따라서 정해진 신분을 세습할 수 있는 시스템이 요구되는데, 이 시스템의 최대 목적은 최고 권력자의 지위가 세습될 수 있게 하는 것이었다.

상식적으로 생각해 보았을 때, 개인의 능력과 관계없이 타고난 혈통에 의해 사회적 지위가 결정된다는 것은 수긍하기 어려운 일이다. 하지만 이 받아들여지기 힘든 상황을 받아들일 수밖에 없게 하는 이유가 당시에는 존재했다. 바로 대규모 전쟁의 위험이 상존하고 있는 것이었다. 전쟁이 일어나면 사회적 지위는커녕 생명과 재산을 비롯한 모든 것을 잃게 될지도 모르기 때문에, 신분의 세습이라는 이 말도 안 되는 불합리를 감수하고서라도 효율적으로 전쟁을 수행할 수 있는 시스템이 반드시 필요했던 것이다. 만약 언제라도 국왕이 교체되거나 지배체제가 붕괴할 수 있는 불안정한 상태에서 강력한 적의 공격을 받게 된다면, 신분고하에 관계없이 모든 구성원이 생명과 재산을 잃게 될 것이라는 위기의식이 이러한 제도적 불합리를 받아들이게 하는 원동력이었다.

세습적 신분제도를 확고하게 정착시키기 위한 노력은 오랜 세월에 걸쳐 다방면으로 이루어졌다. 기본적으로는 '율령律令'을 제정하여 정해진 질서에 대한 반발이나 일탈을 강력히 처벌하는 방법이 사용되었는데, 특히 왕권에 대한 도전은 가장 강력한 형률로 다스렸다. 하지만 이처럼 사람들에게 처벌에 대한 공포심을 갖도록 하여 행위를 억제하는 것은 문제를 근본적으로 해결하는 방안이 될 수 없었다. 비록 공포심이 갖는 억제력이 상당하기는 하지만, 더욱 강력한 반발을 초래할 위험성도 있기 때문이다.

따라서 신분 세습을 내면적으로 수용할 수 있도록 하는 '논리'가 필요했는데, 그 논리는 주로 종교를 통해 제공받을 수 있었다. 전생前生 또는 내생來生에 대한 믿음은 현재의 처지를 받아들이고 주어진 삶에 충실할 수 있게 도움을 주었다. 현재의 삶을 천리天理에 의한 것으로 받아들이고 이에 순응하여 살다 보면 언젠가 하늘로부터 보상이 있을 것이란 기대도 작용했다.

삼국에 수용된 불교의 가르침은 기본적으로 현생의 모든 것이 공허한 것임을 일깨워 주는 역할을 하였으므로, 현실 세계에 대한 욕망을 버리게 하는 데에 도움이 되었다. 부처가 겪은 고난에 대한 이야기는 현실 세계에서 자신이 겪고 있는 고통을 보잘 것 없게 느껴지게 만들었고, 그러한 고난 끝에 극락왕생極樂往生하여 다음 생에는 더 좋은 신분으로 태어날 수 있을 것이라는 믿음도 생겨났다.

신분제의 정착을 위해 필요한 장치는 이뿐만이 아니었다. 후천적으로 신분이 상승할 수 있는 길을 봉쇄하는 조치도 마련해야 했다. 서로 다른 신분 간에 혼인할 수 없도록 하는 것은 물론이고, 거주 지역과 의식주마저 신분별로 제한을 두는 등 세심한 부분까지 차별화함으로써 서로가 같은 인간이라는 생각을 할 수 없게 하는 작업이 광범위하게 추진되었다.

이처럼 특권의 불합리한 분배 상태를 만들고 유지하는 역할을 수행하기 위해서는 거대한 권력 조직이 필요했는데, 그것이 바로 '국가'가 하는 일이었다. 따라서 국가 권력을 장악한 지배층은 자신들의 특권적 지위를 계속해서 누리기 위해 어떻게든 국가의 수명을 늘려야만 했고, 이 문제에 대한 답을 제공하는 것이 바로 '학문'의 역할이었다.

국가의 필요 악惡, 귀족貴族

국가는 기본적으로 외부의 침략을 막아 구성원의 생명과 재산을 지키는 것을 목적으로 성립한 최상위 권력의 집결체였다. 그러므로 본연의 목적을 수행하기 위해 통치 영역 내에서 가장 압도적인 규모의 군사력과 재정을 확보해야만 했는데, 이를 위해 전국적인 조세 수취와 노동력 징발 등이 필수적이었다.

그러나 교통이 대단히 불편했던 시대에 전국적으로 세금을 걷고, 노동력을 징발하는 일은 지난至難한 일이었다. 따라서 지방 세력의 협력이 절실히 필요했고, 이런 이유로 초기 국가에서는 지방 분권적인 통치 체제가 나타날 수밖에 없었다.

시간이 흐르면서 중앙의 군사력과 경제력이 지방을 압도하게 되자 지방 세력이 중앙에 편입되면서 지방에 분산되어 있던 권력을 중앙에 집중시키려는 움직임이 일어났다. 그리고 그 과정에서 전국을 몇 개의 행정단위로 나누어 호구와 자산을 파악하고 정기적으로 세금을 징수하기 위한 관료조직이 갖추어지게 되었다.

중요한 것은 관료조직에 편입될 사람을 선발하는 방법이었다. 고대 국가에서 관리를 선발하는 일반적인 방법은 귀족 가문의 자제들 가운데에서 추천을 받는 방법이었다. 관계官界에 진입하기 위한 통로를 귀족계층이 독점할 수 있게 제도를 만든 것이다. 그런데 이 방법은 소수 귀족 집단이 특권을 독점적으로 세습하는 데에는 도움이 되지만, 그 특권의 원천인 국가 자체가 장기간 존속될 수 있게 하는 데에는 도움이 되지 않는 방법이었다. 이러한 사실은 국가의 흥망성쇠에 대한 역사 기록이 축적되면서 경험적으로 증명되기도 했다. 지나치게 폐쇄적인 신분 제도는 국가의 운명을 발전보다는 정체 또는 쇠망의 길로 이끄는 경우가 많았던 것이다.

중국의 경우에도 전한前漢 시기부터 남북조南北朝에 이르기까지 관리의 선발은 기본적으로 추천에 의해 이루어졌다. 후한後漢 대에는 지방 호족 세력이 더욱 강성해지면서 명망 있는 호족 가문의 자제가 추천되는 일이 관행화되었다. 이후 위魏에서는 중정관을 두고 인재를 9품으로 나누어 추천하게 하는 제도를 만들었는데, 이것이 남조의 진晉에 이르기까지 계속되었다.

국가가 넓은 영토를 다스리기 위해서는 행정 사무를 처리하는 데 지방 세력의 협조가 필수적이었을 것이므로, 지방 세력으로 하여금 관리를 추천하게 하는 것은 추천자의 중앙에 대한 협력을 이끌어 내는 데에도 도움이 되었을 것이다.

관리추천제도가 안고 있는 결정적인 한계는 개인의 능력보다 가문의 명성이 더 중시되는 경향이 있다는 점이다. 서진西晉의 유의라는 인물은 구품중정제에 대해 "낮은 품에는 가문이 좋은 사람이 없고, 높은 품에는 집안이 나쁜 사람이 없다"라고 비판하였고, 유송劉宋(남조의 왕조)의 심약은 "과거에는 지혜로운 이에게 어리석은 이를 부리도록 하여 낮은 지위의 노복도 각기 능력대로 높은 자리에 오를 수 있었는데, 9품 중정제가 실시된 이후에는 귀한 이가 천한 이를 부리게 하여 고귀한 사족과 미천한 서민이 확연히 나누어져 버렸다"라고 하며 한탄하기도 하였다.[3]

관리추천제도는 본래 신분의 세습을 위해 만들어진 제도였고, 이로 인해 중국에서는 혈통에 의해 특권이 세습되는 귀족 사회가 한동안 유지되었다. 귀족의 입장에서는 소기의 목적을 달성했다고 볼 수 있겠지만 이는 국가 발전에 도움이 되는 방법이 아니었다. 남북조 시대에 눈에 띨만한 사회경제 분야의 발전은 이루어지지 않았다.

---

3 심약(441~513), 『宋書』 권94, 은행전, pp. 2301~2302(유인선 외, 『사료로 읽는 아시아사』, 위더스북, 2014, p. 65에서 재인용).

2. 골품제의 두 얼굴

골품제가 카스트?

우리나라의 삼국에도 집권체제가 정비되면서 관등제가 마련되었다. 관리의 등급을 나누고 등급에 따라 관복의 색깔을 다르게 하는 등 위계질서를 확립한 것이다. 관리를 선발하는 방법은 정확한 기록을 통해 확인하기는 어렵지만 (중국의 경우와 비슷하게) 추천에 의해 이루어졌을 것이고, 따라서 지배층에 의해 독점되었을 것이다.

신분별로 관직 승진에 명확한 제한을 가했다고 알려진 국가도 있었다. 신라였다. 신라에는 인도의 카스트제도와 비교될 정도로 높은 폐쇄성을 가졌다고 소문난 신분제도가 있었는데, 바로 골품제도骨品制度다. 골품제는 혈통에 의해 정해진 신분에 따라 관직 승진의 상한上限을 제한한 폐쇄적 신분제도로 알려져 있다.

그러나 골품제를 인도의 '카스트제도'에 비유하는 것이 과연 적절한가 하는 것은 의문이다. 현재로서는 골품제가 실제로 무엇을 기준으로 골족骨族과 두품족頭品族을 나누었고, 관직 승진의 제한이 어떻게 이루어졌는지 정확하게 알 수 없기 때문이다. 만약 골족이 세습적 성격의 귀족계층을 뜻하고, 두품족은 귀족에 속하지 않은 비귀족 계층을 뜻한다면, 골품제는 간단히 말해 귀족과 비귀족을 구분한 제도라고 할 수 있다.[4] 또한 골품제 성립 초기에는 골족 가운데 최고 신분인 왕이 여타

---

4 골족과 비골족의 신분 구분이 확립된 시기에 대해서는 5세기경으로 보는 견해(이재환, 「신라 진골 연구」, 서울대학교 박사학위논문, 2015)도 있다.

다른 지배 계층과의 사이에서 확연한 우위를 보이지 못하였다.[5] 화백 회의에서 국왕이 확실하게 우월적 지위를 갖지 못했던 것이나 진지왕이 화백회의에 의해 폐위되었던 것도, 이러한 골족 내부의 관계에서 비롯된 것이었다. 골족 내부의 위계가 이처럼 불명확했는데, 비골족인 두품족 사이에서는 각 두품 간의 경계가 뚜렷하여 관직 승진에 상한선을 달리했다고 보는 것이 과연 합당한 생각일까?

귀족과 비귀족을 구분하는 것은 전근대 시기 어느 국가에서나 모두 있는 일이고, 각 두품 간의 경계선이 카스트와 같이 그렇게 확고부동했는지는 확인하기 어렵다. 각 두품 별로 오를 수 있는 관등이 엄격히 정해져 있었다는 종래의 견해는 근거 없는 것으로 수정해야 한다는 견해도 있다. 서의식 교수에 따르면 두품제는 가문과 상관없이 개인에게 적용된 제도이고 6두품까지는 그의 공훈과 능력에 따라 얼마든지 오를 수 있었다고 한다.[6]

사료를 보아도 골품제에 대해 불만을 표출하는 사람들은 6두품뿐이고, 다른 두품에 속한 사람이 골품제에 대해 언급한 기록은 찾아볼 수 없다. 이로 미루어보았을 때 골품제가 가지고 있는 폐쇄성은 실제로

---

5 성준선, 「신라 진흥왕대 성골의 출현과 그 배경」, 『대구사학』 143, 2021.5, p. 6. 위 논문에서는 성골의 출현시기를 기존에 법흥왕대로 보았던 것에 비해 진흥왕대에 왕권을 강화하고 불교적 관념을 활용하여 성골의 신분을 만들어 낸 것으로 보았다.

6 서의식, 같은 책, pp. 268~272. 서의식 교수는 두품별로 관등의 승진 상한이 정해져 있었다는 견해는 품족이 오를 수 있는 관등 상한을 세분한 중위제는 처음에는 11등급 '나마'에, 그리고 그 다음에 10등급 '대나마'가 추가되면서는 '대나마'에 설치되었고, 이후 진골에서 6두품이 분화되면서 6등급 '아찬'에 설치된 것이지, 모든 관등의 중위제가 동시에 설치·운영된 것이 아니라고 지적했다. 따라서 종래에 중위제가 모두 같은 시기에 적용된 것으로 착각하여 각 두품별로 승진 상한이 정해져 있었다고 한 견해는 마땅히 수정되어 한다는 것이다.

관직 승진에 있어 두품족이 진골 계층의 독점적 구역에 있는 관등(1~5등급) 내로 진입할 수 없게 하는 데 한정된 것이었을 가능성이 충분히 있어 보인다. 이것이 만약 사실이라면 17등급에서 6등급까지의 관직에는 누구나 다 오를 수 있었다는 뜻이고, 그렇다면 신라 사회가 고구려와 백제에 비해 오히려 더 관직에 오를 수 있는 기회가 열려있는 합리적인 사회였다는 주장도 가능해진다.

신분별로 의식주 등 일상생활에 대해 제한을 가한 것도 신라에서만 특별히 그랬던 것은 아니다. 사실 동서고금을 막론하고 신분제 사회에서 낮은 신분에 속한 사람들이 높은 신분보다 더욱 화려한 생활을 누리는 것을 개방적인 시선으로 바라보거나 무제한 허용하는 사회는 존재하지 않았다. 법적으로 엄격하게 규제되지는 않았다고 하더라도 신분별 생활방식을 제한하는 관행은 언제, 어느 곳이나 있었다. 따라서 이러한 생활방식 면에서의 제한을 근거로 골품제의 폐쇄성을 강조하는 것은 그리 합당하다고 생각되지는 않는다.

골품제가 일상생활에서 그렇게 위력적으로 작동하지는 못했을 것이라는 추정은 당시 중앙에 의한 지방 통제력의 정도를 생각해 보아도 뒷받침될 수 있다. 신라가 존재했던 시기는 교통과 통신이 대단히 불편했고, 그래서 수도로부터 멀리 떨어진 지역을 통제하는 것이 매우 어려웠다. 따라서 국가에 법과 제도가 갖추어져 있다고 해도, 그것이 조선시대처럼 전국적으로 통일성 있게 시행되었을 것으로 기대하기 어렵다. 신분제도와 그에 따른 법규들을 구구절절하게 정해 놓았다고 해도 그 운영에 대해서는 지방 권력자의 재량에 맡겨진 부분이 많을 수밖에 없었다.

지방 세력의 협조 없이는 국가를 통치하기 어려웠던 시대이므로 국왕이 일일이 관여할 수 없는 부분도 많았을 것이고, 무리해서 관여하려고 했다가는 반발을 초래할 위험성도 있었을 것이다. 굳이 중세 유럽처럼 재판과 징세에 관여하지 않겠다는 약속을 문서로 해줘야 할 정도로 중앙정부의 힘이 약하지는 않았지만, 신라가 '촌락문서(해당 지역의 호구와 자산 상태 등을 상세히 파악한 문서)'를 작성하는 촌주에 대해 일정한 권리를 인정해 주었던 것에는 다 이유가 있었을 것으로 보인다.

신라가 1000년이나 장수할 수 있었던 비결 : 신라 사회에 대한 새로운 상상

신분 상승의 가능성, 즉 개인의 욕구를 실현할 수 있는 기회는 통일 이전에 더욱 많았을 것이다. 삼국 간에 크고 작은 전투가 잦아서 군공軍功을 세울 기회가 많았을 것이기 때문이다. 군사력 확보가 절실한 상황에서 전공戰功을 세운 자들에 대해 보상을 해주지 않을 수 없었을 것이고, 그 보상은 금전적인 보상보다는 신분 상승 등 사회적인 보상으로 주어졌을 가능성이 크다. 아테네의 경우에도 전쟁에 참여한 사람들에게 투표권을 주었고, 로마에서도 전투 방식의 변화로 전쟁에 참여하는 계층이 늘어나면서 평민들의 권리가 크게 신장되었다. 또 고려시대에도 전투에서 공을 세운 사람들에게 주어진 것은 대부분 허직虛職(이름뿐인 명예직)이라도 관직인 경우가 많았다. 금전적 보상을 해주기에는 국가재정이 감당하기 어려웠을 것이기 때문이다. 이런 사례들을 보았을 때 신라에서도 군공軍功을 세웠을 경우 어느 정도 신분 상승의 기회가 주어졌을 것이라는 합리적 유추가 가능하다. 신라에는 특히 '화랑도'가 있었으므로, 화랑도에서 자신의 능력으로 어느 정도까지 지위를 높이는 것은 신분에 관계없이 가능했을 것이다. 군이 관직에 진출하지 않더라도 출세할 수 있는 다른 기회가 많이 있었다는 뜻이다.

삼국 간의 항쟁이 치열했던 시기에 국가가 가장 필요로 하는 능력은 전투하는 능력이었고, 사회적으로 인정받을 수 있는 최고의 능력도 바로 그것이었다. 삼국시대에 관한 기록에서 학자나 관리로서 출세한 인물의 이름보다 장수로서 이름을 떨친 사람들의 이름이 더 많이 거론되는 것에서도 이러한 상황을 추론해 볼 수 있다.

신라를 흔히 1000년 왕조라고 하는데 사실 1000년이면 세계사를 통틀어서 보아도 유사한 사례를 찾기 어려울 정도로 장수한 왕조다. 만약 골품제가 신라가 존속하고 있던 전 시기에 걸쳐 그 엄청난 폐쇄성으로 인해 심각한 사회모순을 유발하고 있었다면 1000년이라는 세월 동안 왕조를 유지할 수 있었던 이유를 설명하기 어렵다. 게다가 신라는 삼국통일을 이루고 전성기를 구가하기까지 했다. 골품제로 인한 불만이 충만한 사회였다면 불가능한 일이다.

골품제도라고 하는 사회적 모순이 존재함에도 불구하고 무너지는데 1000년이라는 시간이 걸렸다면, 골품제의 모순이라는 것이 알려진 것만큼 그렇게 심각하지 않았거나 그러한 모순을 어느 정도 해소할 수 있는 장치가 다른 쪽으로 마련되어 있었을 가능성에 대해 생각해 보는 것이 합당하다.

골품제로 인한 모순의 실체가 결국 혈통으로 인해 신분 상승의 길이 막혀있는 것이라면, 이런 사회적 불만을 해소시켜주는 통로로 승려가 되는 길도 있었을 것이다. 신라에서 이름난 고승 가운데에는 진골 출신을 제외하면 6두품으로 알려져 있는 사람들이 많은데, 6두품 출신이 유독 출가出家를 많이 했던 것인지, 승려가 되어 일정한 자리에 오르게 되면 6두품이 되었던 것인지 알기 어렵다. 승려가 됨으로써 6두품까지는 신분 상승이 가능했을 가능성도 배제할 수는 없을 것 같다.

당대의 고승이었던 원효도 신분이 확실하지 않지만 6두품으로 알려져 있다. 그는 진골 출신인 의상과 함께 당으로 유학을 떠나려고 하다가 중도에 돌아왔다고 하는데, 그 일화에서 원효와 의상 간의 신분 차이가 크게 느껴지는 것도 아니다. 게다가 원효는 신분의 차이를 뛰어넘어 태종 무열왕의 딸 요석공주와 결혼까지 했다. 그들 사이에서 태어난 설총은 '화왕계'를 통해 신문왕에게 충신의 간언을 들을 것을 암시하는데, 이에 대해 신문왕은 기꺼이 수긍하며 후세의 임금들에게 경계하도록 글을 남기도록 했다. 이 일화에서도 설총의 아버지가 6두품 출신이었기 때문에 신분적 제한을 받고 있다는 느낌은 들지 않는다. '카스트' 제도하에서는 상상할 수 없는 일이다. 이러한 정황들로 미루어보았을 때, '골품제'의 폐쇄성에 대한 교과서 서술이 지나치게 과장된 것은 아닌지, 충분히 의심해 볼만하다고 생각된다.

통일 이전 신라 사회는 다양한 경로의 신분 상승이 가능한 합리적인 사회였을 가능성이 충분히 있다. 자신의 재능과 공적을 보상받을 수 있는 기회가 많았기 때문에 통일 전쟁에 적극적으로 참여하는 사람들도 많았을 것이고, 이러한 사회의 '합리성'이 결국 삼국통일의 동력이 되었을 것으로 보인다.

후일 통일을 완성한 문무왕은 "… 무기를 녹여 농기구를 만들었으며 백성을 어질고 천수를 다하게 하였다. 세금을 가볍게 하고 요역을 줄여서 집집마다 넉넉해지고 백성들은 만족하고 민간은 안정되어 나라에 근심이 없게 되었다. 곳간에 곡식이 산처럼 쌓이고 감옥은 죄수가 없어 풀이 우거졌으니 산사람과 죽은 이들에게 모두 부끄럽지 않다고

경주 대왕암 문무왕릉

말할 수 있다"[7]라는 유언을 남겼다. 당시 신라가 얼마나 융성하고 안정되어 있었는지 잘 드러난다. 그리고 죽어서도 용이 되어 신라를 지키겠다며 자신의 유골을 동해에 뿌리라고 하였으니, 자신의 치세治世에 부끄러움이 있었다면 할 수 없는 일이다.

삼국통일이 바꿔놓은 것들

하지만 이런 신라의 발전도 영원하지는 못했다. 통일 이전에 비해 개인이 능력을 인정받을 수 있는 기회가 현저히 축소되었기 때문이다. 통일 전에는 고구려, 백제와 전쟁의 위험이 상존하고 있었고 특히 백제와

---

7 『삼국사기』 권7, 문무왕 21년(681).

크고 작은 전투가 잦았기 때문에 군공軍功을 세워 출세할 수 있는 기회가 많았다. 학자나 관료로서의 능력보다 무장武將으로서의 능력이 높이 평가되기도 했고, 화랑도와 같은 조직에 들어가 개인의 능력을 인정받을 수도 있었다.

그런데, 삼국통일 이후로 상황이 크게 바뀌었다. 이제 더 이상 주변국과의 크고 작은 전투가 벌어지는 일도 없었고, 화랑도가 중요한 역할을 할 수 있는 공간도 사라져버렸다. 설상가상으로 이웃 나라 중국에서는 과거제도가 시행되어 실력에 의해 출세할 수 있는 길을 열어 놓았는데, 신라에서는 아무리 재능이 있고 노력을 해도 최상위 등급의 관직에는 오직 진골 신분만 올라갈 수 있었다.

전쟁에 나가 공을 세워 얼마든지 출세할 수 있던 시기와, 오직 관료로서 출세하는 길밖에 남아 있지 않은 시기에 골품제가 갖는 영향력은 차원이 다를 수밖에 없었다. 6두품을 포함하여 모든 두품 계급의 관직 승진에 제한을 가하는 골품제는 이제 인간의 보편적인 욕구를 억누르는 기능을 '제대로' 수행하기 시작했고, 이것은 곧 사회가 숨 쉴 수 있는 기도氣道를 막는 것과도 같았다.

더 이상 숨 쉴 수 없는 사회에 활기活氣가 없는 것은 당연했다. 신라는 발전할 수 있는 활력을 잃었고, 6두품 출신의 도당유학생들은 불만에 가득 찼다. 다음 생生에 대한 기대로 현재의 불합리는 참아내는 일에는 한계가 있는 법이었다. 진골 귀족 간에는 왕위를 차지하기 위한 실력대결이 수시로 벌어졌고, 지방의 호족들은 '성주', '장군' 등을 자처하며 반半독립적 세력으로 성장했다. 호족과 6두품 지식인의 결합, 그리고 선종 계통의 사원 세력과 호족과의 결합도 자연스럽게 일어났다. 1000년 왕조 신라의 끝은 그렇게 다가오고 있었다.

3. 과거시험의 위력

인사人事가 곧 만사萬事인 까닭

"창업創業과 수성守城 중 어느 것이 더 어려운가?"

중국에서 가장 위대한 치세治世를 이루었다고 알려진 당 태종이 신하들에게 물었던 질문이다. 창업을 함께 한 방현령은 창업이 더 어렵다고 했고, 창업 후 국가를 안정시키는 일에 힘쓰고 있었던 위징은 수성이 더 어렵다고 답했다. 당 태종의 결론은 이제 창업은 이루었으니 수성에 힘써야 하겠다는 것이었다. 상황에 따라 힘써야 할 바가 다르다는 뜻이다.

애마를 돌보는 당 태종

본시 창업은 하늘이 하는 일이지만 수성은 사람이 하는 일이라고 했다. 창업은 천운天運이 따라주어야 가능한 일인 데에 반해, 수성은 사람이 하기에 따라 성패가 좌우된다는 의미다. 이는 국가와 사회의 운명이 결국 사람에게 달려있다는 뜻이고, 동양에서 '인사人事가 만사萬事'라는 말은 바로 그래서 만고의 진리처럼 여겨진다.

국가 운영에 대한 경험이 충분히 축적되지 않은 단계에서는 지배층 내부에서 관직을 독점하기에 유리한 관리 추천제도를 만들었다. 중국사에서는 남북조시대(386~589)를 흔히 귀족 사회라고 평가하는데, 관직추천제인 구품중정제九品中正制로 인해 관직이 세습되어 혈통에 의해 세습적 특권을 누리는 귀족계급이 형성되었기 때문이다. 하지만 이 제도는 남북조를 통일한 수隋의 등장과 함께 역사 속으로 사라지게 되었고, 시험을 쳐서 능력에 따라 관직에 진출할 수 있는 제도가 역사의 무대에 등장했다. 과거제도가 시행된 것이다.

과거제도는 황제가 천하의 인재 가운데에서 관리를 선발할 수 있도록 함으로써 황제권을 크게 강화하고 귀족들의 세력을 견제하는 역할을 하였다. 과거제도의 시행 초기에는 귀족가문 출신에게 유리하게 제도가 운영되었지만, 송宋 대에 이르러서는 실력에 따른 인재 선발이 이루어질 수 있도록 제도를 보완하였다. 최종시험을 황제가 직접 관장하는 전시殿試제도가 도입되었고, 답안지에 수험자의 성명과 연령을 쓴 부분을 풀칠하여 봉하게 하였으며 필체를 알아보지 못하도록 모든 답안지를 다른 사람이 필사하여 채점하게 함으로써 채점 과정에서 부정이 일어나지 않게 하였다. 물론 그럼에도 불구하고 부정행위가 아주 사라졌던 것은 아니지만, 제도적인 측면에서 시험의 공정성을 보장하기 위해 최선을 다하였던 것은 사실이다. 북송 대 구법당 관료였던 진양陳襄

은 과거시험選擧을 권하면서 다음과 같이 말하기도 했다.

"지금 천자는 3년에 한 번씩 과거를 실시하고 있는데, 비록 산간에 사는 빈천한 집안이라 할지라도 자제가 공부하여 실력을 닦으며 과거에 합격할 수 있다. 그리하여 그 자신은 부귀를 누릴 것이고 가문에는 영광이 있을 것이다. 그 집안에는 요역이 사라지고 자손이 번창하게 될 것이니 어찌 멋진 장관이 되지 아니하겠는가?"[8]

또 북송 3대 황제 진종은 '권학문勸學文'에서 "집안을 부자로 만들기 위해 좋은 농토를 사들일 필요가 없나니 책 속에 천 가마의 쌀이 그냥 놓여 있도다. … 아내를 얻으려 하는 데 좋은 중매가 없음을 한탄하지 말지어다. 책 속에 여인이 있으되 얼굴이 구슬처럼 아름답도다. … 남아로 태어나 평생의 뜻을 이루고자 하거든, 유교 경전을 창 앞에 펼치고 부지런히 읽으라 …"[9]라고 하였다. 공부만 열심히 하면 얼마든지 출세할 수 있는 이러한 제도는 시험에 응시할 수 있는 자격을 가진 거의 모든 이들을 과거시험 준비생으로 만들었다.

과거제가 세습적 특권을 단절시키는 기능을 제대로 수행하게 되면서, 송의 지배층은 더 이상 '귀족'이 아닌 유교 경전을 공부한 '사대부士大夫'로 바뀌었다. 국정 운영을 맡아 하는 직책에 있는 사람들이 특권 계급이 아닌 직업적 관료로 채워지고, 이들을 선발하는 최종시험을 황제

---

8   임표민, 『적성집』 권18, 진양, 선거권학문(유인선 외, 『사료로 보는 아시아사』, 위더스북, 2014, p. 134에서 재인용).

9   유인선 외, 같은 책, p. 133.

가 직접 주관하게 되면서 황제권 역시 크게 강화되었다. 그러나 황제 1인에게 모든 권력이 집중된 정치체제는 무능한 황제와 간신배의 등장에 약점을 드러내게 되었고, 결국 송은 중국사에서 가장 많은 문약했던 왕조로 남게 되었다.

국가의 체질을 바꾼 광종

우리나라에 과거제도가 도입된 것은 고려 광종 대였다. 고려왕조의 건국은 흔히 고대사회에서 중세사회로의 전환이라고 평가되는데, 골품제도가 폐지되고 능력에 따라 출세할 수 있는 사회로 한 단계 더 발전하였기 때문이다.

광종이 과거제를 도입한 목적은 왕권을 강화하기 위해서였다. 왕건의 부인이 29명이었다는 사실에서 드러나듯 고려 초기는 호족연합 정권적인 성격이 강했고, 왕실의 외척으로 변신한 호족들 간의 경쟁으로 인해 왕권이 안정되지 못하고 있었다. 왕건 사후에 벌어진 치열한 왕위계승다툼 끝에 고려 4대 황제로 즉위한 광종은 치세 초기에는 (성종 대에 시무28조를 올렸던 최승로가 극찬할 정도로) 이상적인 정치를 펼쳤다.

그러나 재위 7년째 되던 해부터 극적인 변화를 보이는데, 후주後周 출신의 쌍기를 등용하여 과감한 개혁을 단행했다. 그는 노비안검법과 과거제에 이어 관리의 공복公服 제정까지 2년 간격으로 새로운 정책을 시행함으로써 중앙정치체제를 전면 개편하였고, 재위 11년부터는 반대세력에 대한 무자비한 숙청을 자행했다.

광종이 쌍기와 같은 외국인의 건의를 받아들여 과거제도를 실시하고 이로써 국가정치의 체질을 바꾼 것은 고려왕조의 안정을 위해 반드시 필요한 일이었다. 그러나 왕건에게 협조하여 나라를 세운 호족세력에게는 청천벽력과도 같은 일이었는데, 종전에는 태어나는 것과 동시에 보장되었던 여러 가지 특권들이 이제는 시험을 통과해야만 누릴 수 있는 것으로 바뀔 수 있었기 때문이다.

중국에서 시행되고 있던 과거제도에 대해서는 광종도 이미 알고 있었을 것이다. 신라시대부터 6두품 출신의 도당유학생들이 언급해 왔던 내용이니 몰랐을 리 없다. 그럼에도 불구하고 광종이 굳이 쌍기의 건의를 받아들이는 형식으로 과거제를 시행한 것은 나름대로 이유가 있었을 것으로 추측된다. 중국에서 건너온 인물이라면 호족 세력과 아무런 연결고리가 없을 것이므로 이들을 전부 적으로 돌리는 개혁을 주장하는 것이 가능할 것으로 본 것이다.

과거제의 시행은 중국에서와 마찬가지로 우리나라에서도 중요한 의미를 가진다. 가문과 혈통이 개인의 운명을 좌우하던 시대에서 이제 능력에 따라 경쟁하여 출세할 수 있는 시대로 전환된 것이다. 모든 인간이 보편적으로 가지고 있는 신분 상승의 욕구를 가로막는 것은 국운國運을 재촉할 뿐이라는 사실을, 신라의 경험을 통해 깨달은 결과였다.

『고려사』를 편찬한 정인지는 '선거지 서문'에서, '광종 대에 과거로써 선비를 뽑기 시작하면서부터 학문을 숭상하는 풍조文風가 비로소 일어났다'고 평가하였다. 그리고 '초기에는 인재를 기르는 교육방법과 관리를 선발하여 취하는 제도, 인사관리銓注를 하는 법이 정연하여 조리가 있었고, 대대로 자손들이 이 제도에 의지하여 (관리로서의 지위를) 유지하였으므로 동방 문물의 번성함이 중화中華에 비길 만하였으나, (무신정변 이후) 정방政房을 설치하여 인사가 뇌물로써 이루어지고 과거로 선비를 뽑는 것도 문란해지면서 고려의 왕업王業이 마침내 쇠하게 되었다'[10]고 지적했다. 과거의 의미를 왕업의 성쇠盛衰와 연결된다고 생각한 것이다.

고려의 파워 엘리트power elite, 서희

서희 동상(이천 설봉공원 소재)

과거제 시행 후 광종은 쌍기를 과거 시험을 총괄하는 벼슬인 지공거知貢擧에 임명했다. 쌍기는 그가 주관한 두 번째 과거 시험에서 서희를 진사 갑과로 뽑았는데, 잘 알려져 있듯이 서희는 이후 거란과의 외교담판을 통해 고려의 운명을 바꾸는 인물이다. 이런 사실을 감안해 본다면 유능한 인재의 등용이 국가의 운명을 좌우한다고 해도 절대로 과언은 아닐 것이다.

서희의 외교담판이 고려의 운명을 바꾸었다고 하면 지나친 과장이라고 여기는 사람도 있을 수 있다. 하지만 그가 소손녕으로부터 획득한 '강동6주'가 고려사에서 차지하는 비중은 결코 적지 않다. 먼저 그가 강동6주를 얻게 된 경위부터 살펴보자.

---

10 『고려사』 권73, 지(志) 권27, 선거, 선거 서문.

993년(고려 성종 12) 거란의 소손녕이 스스로 80만 대군을 이끌고 왔다고 하며 고려 조정을 위협하고 있을 때, 고려의 관리들은 땅을 떼어 주고서라도 어떻게든 화해를 해보자는 쪽으로 의견이 기울어 있었다. 그런데 서희가 외교담판을 해보자고 제안했고 성종이 이를 받아들임으로써 역사의 방향이 바뀌기 시작했다. 물론 소손녕이 안융진에서 패했다는 소식이 전해진 것도 이러한 분위기 반전에 영향을 끼쳤을 수 있다. 그러나 당시에는 거란이 한참 세력을 떨치고 있었고 고려는 아직까지 그들과 전면전을 해본 경험이 없었기 때문에, 어떻게 결정하느냐에 따라 고려의 명운이 좌우될 수도 있었다.

서희가 (거란에) 땅을 떼어주기보다 먼저 소손녕과 담판을 할 것을 주장했던 것은, 그가 광종 대에 과거에 합격하여 송에 사신으로 다녀오면서 거란과 송의 상황을 어느 정도 파악했기 때문으로 보인다. 흔히 서희의 외교 담판에 대해서는 뛰어난 말솜씨로 고려가 고구려를 계승한 국가임을 주장함으로써 싸우지도 않고 강동6주의 땅을 획득한 것처럼 알려져 있지만, 사실 소손녕이 서희의 제안을 받아들인 것은 거란에게 충분히 이익이 된다고 생각했기 때문이다.

동북아시아에서 요동 지역은 언제나 화약고와도 같은 곳이었다. 동북아시아의 평화가 유지되기 위해서는 요동을 중국의 한족漢族도, 우리나라도 아닌 제3의 세력이 차지하고 있으면서 양쪽 모두를 견제할 필요가 있었다. 만약 우리가 요동을 차지한다면 (고구려 때와 마찬가지로) 중국이 위협을 느끼지 않을 수 없고, 반대로 중국이 요동을 차지한다면 한반도를 그대로 내버려 둘 이유가 없었다. 하지만 제3의 민족이 요동을 차지하였을 경우, 그 제3의 민족은 어느 쪽으로도 쉽게 움직이지 못하게 되는데, 중국 본토를 공격하자니 후방에 있는 우리나라가 걸리고, 그렇다고 한반도부터 우선 공략하면 중국에게 후방을 내주는 꼴이 되기 때문이다.

거란의 1차 침입 당시 압록강 지역에는 여진족이 왕성한 활동을 벌이고 있었고, 거란으로서도 완전히 통제가 되지 않고 있는 상황이었다. 따라서 고려가 거란의 제1요구조건인 송과의 단교를 받아들이고 압록강 부근에 성을 쌓아 여진을 제압한 뒤 고려국왕이 거란에 친조親朝할 것이라는 서희의 제안은, 거란으로서는 설령 전쟁에서 승리를 거두었다고 해도 얻기 어려운 정도의 큰 성과라고 할 수 있었다.

거란의 1차 침입 당시 소손녕은 자신이 이끄는 거란군이 80만이라고는 했지만 실제 군사 수는 이에 훨씬 미치지 못했던 것 같고, 서희도 이를 간파하고 있었던 것으로 보인다. 낯선 땅에 원정 와서 고려의 영토가 남쪽으로 어디까지 뻗쳐 있는지도 모르는데다가, 주변 여진족의 상황도 불안한데 중국 본토에는 5대10국을 통일한 송이 들어서 있으니, 이런 상황에서 고려와 전면전을 벌인다는 것은 거란으로서도 상당한 부담인 것이 사실이었다. 그런데 서희가 먼저 그런 고마운(?) 제안을 해주니, 소손녕이 쌍수를 들어 환영한 것은 당연한 일이었다. 그는 서희에게 오히려 감사하는 마음이 들 수밖에 없었고, 그래서 막대한 선물까지 주었다.

여기서 소손녕의 실수는 고려의 축성築城과 수성守城에 관한 능력을 제대로 알지 못했다는 것이다. 하지만 이것은 서희가 미리 알려주지 않았다고 원망할 수는 없는 부분이다. 서희는 분명히 고려의 고구려 계승성에 대해 이야기 했고, 고구려는 당 태종도 넘지 못한 성을 쌓았던 바로 그 국가였음을 기억하지 못한 것은 소손녕 자신이었다.

이처럼 (겉으로는) 거란에게 일방적으로 유리해 보이는 합의가 실상 고려에 훨씬 더 이익이었다는 사실은, 고려가 이곳에 흥화진을 비롯한 강동 6주를 설치하고 솜씨를 제대로 발휘하여 성을 쌓아 올리면서 비로소 드러나게 되었다. 고려는 서희의 회담 직후 이곳에 성을 쌓아 굳건한 수비태세를 갖추었고, 거란의 2차 침입 때 양규가 이곳을 지켜냄으로써 전세를 유리하게 바꾸어 놓기도 했다.

거란의 3차 침입 때 강감찬이 대승을 거둔 곳도 바로 강동 6주에 속한 귀주성이었다. 귀주대첩은 고려 조정에서도 이미 상당히 준비를 갖춘 상태에서 치른 전쟁이고, 강감찬의 대군이 이미 지쳐서 패퇴하는 것이나 다름없는 거란군을 공격한 것이므로 승리가 충분히 예견된 전쟁이라고 볼 수도 있다. 그러나 이때 보여준 고려의 압도적인 전투력이 여진족 등 다른 북방 민족에게 강한 인상을 남겼기 때문에 이후 이들이 고려와 전면전을 피하려고 하게 만든 효과도 있었을 것이다.

13세기 세계 대제국을 건설한 몽골과의 수십 년에 걸친 전쟁에서도 강동 6주는 고려에게 빛나는 승리를 수차례나 안겨주었다. 이런 승리가 있었기에 고려는 국호를 잃지 않고 종묘사직宗廟社稷을 이어갈 수 있었다.

서희는 과거제도의 시행으로 선발된 인재가 역사의 전개 과정에 어느 정도 영향을 미치는지 보여주는 좋은 사례다. 물론 서희의 출신이 개국공신인 서필의 아들이므로 굳이 과거시험을 거치지 않았어도 음서를 통해 관직에 등용되었을 것이라는 반론도 있을 수 있다. 그러나 과거제도의 시행 이후 역사 기록에 남은 대부분의 인물들이, (비록 우리에게는 장수로서의 역할이 더욱 알려진 인물이라 하더라도) 과거시험을 통해 등용된 사람들이라는 사실을 감안해 보면, 과거제의 시행이 고려 국운의 성쇠를 좌우했던 사실은 부인할 수 없을 것 같다.

'귀족'과 '관료'에 양다리를 걸친 고려

한편, 음서를 통해 관직에 진출하는 사람도 있었다. 있었던 정도가 아니라 과거시험 출신보다 훨씬 더 많은 숫자가 음서로 등용되었다. 그래서 고려시대에 관한 가장 유명한 논쟁 중 하나가 고려 사회의 성격에 관한 논쟁이다. 고려 사회를 관료사회와 귀족사회 중 어느 쪽으로 볼 것인가에 관한 논쟁인데, 귀족사회설이 다수설이다. 시험을 치지 않고 관직에 등용된 음서 출신이 수적으로 더 많았고, 이들의 자손 역시 음서로 등용되어 시험을 치지 않고 관직 세습이 가능했으며, 음서 출신 가운데 고품의 재상직에 오른 사람들도 많았다는 점이 귀족사회설을 뒷받침한다.

그러나 관료사회라고 보는 주장도 설득력이 없는 것은 아니다. 처음 등용될 때에는 음서를 통해 관직을 받았지만, 과거시험을 다시 쳐서 실력을 인정받으려고 하는 사람들이 많이 있었고, 관료의 승진과 발령, 과전科田과 녹봉 지급 체계 등 제도의 정비와 운영 과정을 살펴보면, 적어도 문종 이후 관료제는 제도적 측면에서 상당히 수준이 높았다고 할 수 있다.

광종 대에 처음 제정된 과거제는 현종 대에 이르러 보다 체계적으로 정비되었다. 초기에는 예비시험을 거치지 않고 바로 본시험인 예부시에 응시할 수 있었지만, 현종 대에는 지방에서 일정 수의 합격자를 선발하여 이들이 국자감시를 거쳐 최종 시험인 예부시에 응시하게 하는 절차가 정해졌다. 지방의 인재들도 광범위하게 응시할 수 있게 하기 위해서였다.

관직에 진출하는 것이 부와 명예를 얻을 수 있는 가장 확실한 길로 여겨지게 되면서, 고려는 빠르게 문관 위주의 사회로 재편되어 갔다. 거란과 여진의 침입 등 외적의 침입은 계속되었으나, 이때마다 군사 최고 지휘관은 문관을 임명하였다. 그럴 수밖에 없었던 것이 2품 이상의 최고위직에 오를 수 있는 대상 자체가 문관으로 한정되어 있었고, 국가 최고 회의라고 할 수 있는 도병마사都兵馬使에 참여할 수 있는 자격도 이들에게만 주어졌기 때문이다. 국왕의 입장에서도 측근의 믿을만한 사람에게 병력을 맡기는 것이 더 안전하다고 생각하였을 수 있다.

서희와 윤관, 강감찬, 그리고 묘청의 난을 진압한 김부식은 모두 문관 출신이었지만 군사와 관련된 임무를 훌륭하게 수행하였다.

이런 이유 때문인지 고려 정부는 전시과를 개정하여 무관들에 대한 대우를 조금 개선하는 것 외에, 무관 출신이 높은 관직에 오를 수 있는 길을 열어 주지 않았다. 이후 고려조정이 무관 출신에 대한 홀대로 인해 무신정변武臣政變이라는 엄청난 대가를 치르게 된 데에는 이러한 배경이 있었다.

고려에서 무관에 대한 대우가 문관에 비해 낮았던 것은 송의 문치文治적인 정치문화의 영향도 있었다. 중국은 당唐 말기에 절도사들에 의한 혼란기를 경험했기 때문에, 이 상태를 통일한 송宋은 변방의 군사력을 빼앗아 황제에게 모든 권력을 집중시켰다. 게다가 송은 과거제도에 최종 시험인 전시展試를 추가하여 황제가 직접 주관하게 함으로써 황제가 최종 고시관의 역할도 겸하였다. 귀족 세력이 성장하는 것을 견제하고 관료집단을 황제의 통제 하에 둔 것이다. 그 결과 송은 문치주의 국가의 성격을 띠게 되어 군사력이 현저히 약화되었고 금에 의해 남송南宋으로 밀려나더니 종국에는 몽골에게 중국 전토를 내어주는 운명을 맞이하게 되었다.

고려 역시 신라 말 호족 세력의 할거로 혼란했던 시기를 통일하고 세워진 왕조였으므로 무관 출신이 막대한 권력을 갖는 것을 꺼리는 측면이 있었다. 더구나 이웃의 송나라도 문관 위주로 국가를 운영하였기 때문에, 고려가 공연히 무관을 우대하는 정책을 펴게 되면 주변을 침략하려는 의도를 가진 것처럼 보일 수도 있었다. 고려 전기의 상황에서 무관을 높이는 정책은 당시 고려 사회를 주도하고 있던 문관 계층의 반발만 살 뿐, 뚜렷한 명분이 없는 상태였다.

예종 대에는 국자감에 강예재를 설치하여 전문적으로 무관을 길러 내고자 하였으나, 지원자가 적어 지나치게 급제가 빠르다는 이유로 다른 학생들이 반발하자 곧 폐지하였다. 무과를 설치하는 일은 이미 과거를 통해 관직에 진출한 문관들의 반대도 심했을 것인데, 일단 과거 시험을 통해 등용되면 문관과 같이 2품 이상으로 승진할 수 있게 하는 등 우대하지 않을 수 없기 때문이다.

과거제는 분명 개인의 실력으로 관직에 진출할 수 있는 길을 열어주는 제도였지만 폐단도 없지 않았다. 과거시험을 주관하는 지공거知貢擧가 자신이 합격시켜준 합격생들과 좌주-문생 관계를 이루면서 이들이 정치세력화한 것이다. 과거제는 본래 왕권을 강화하기 위한 제도인데 지공거의 세력을 키워 신권臣權이 우세해지면, 국가 전체의 이익보다 특정 관료세력의 이익을 앞세울 우려가 있었다.

과거 시험이 점점 더 지공거 위주로 운영되면서, 시험의 공정성을 보장하는 일도 어려워졌다. 공민왕 대에는 시험의 공정성을 강화하기 위해 과거 시험의 단계를 3층제로 바꾸었고 최종시험을 국왕이 직접 관할하게 하였지만, 공민왕이 시해되고 우왕이 즉위하면서 다시 예전으로 돌아갔다.

고려정부가 과거제도를 시행하고 정비한 과정을 살펴보면, 과거제가 단순히 정책 집행을 위해 필요한 원칙이나 절차를 정해 놓은 제도가 아니었음을 알 수 있다. 당시 정부는 과거제도가 국운을 좌우하는 중요한 제도임을 잘 알고 있었고, 또 그것이 사실이었다. 이 시험을 통해 선발된 인재의 능력과 성향이 국가의 미래를 발전으로 이끌어 갈 수도, 가로막을 수도 있었기 때문이다.

앞서 거란의 1차 침입 당시 활약했던 서희와 여진족을 막았던 윤관, 묘청의 난을 진압한 김부식과 공민왕 대 정치 개혁의 주역인 정몽주와 정도전, 권근, 조준 등은 모두 과거 급제자 출신이었다. 이들이 고려라고 하는 국가의 운명을 어떻게 바꾸었는지 생각해 본다면, 공정한 경쟁을 통해 능력 있는 인재를 선발하여 쓰는 일이야말로 국가가 가장 중요하게 여겨야 할 과제라는 사실이 분명히 드러난다.

태생이 지배집단에 속하지 않은 사람을 관료사회에 편입시켜 국가 경영에 참여할 수 있는 길을 열어놓는 것은 (지배층의 입장에서는) 매우 꺼려지는 일이었다. 지배층끼리 결혼도 하고 관직도 독점할 수 있도록 제도적 장치를 완비하고, 피지배층이 지배층의 세계에 발을 들이지 못하게 하는 것이 특권을 오래도록 유지할 수 있는 가장 안전한 길이라고 믿기 때문이다.

하지만 그런 생각이 잘못되었다는 사실은 역사가 가르쳐주고 있다. 신라가 골품제를 통해 사회계층 간에 넘을 수 없는 장벽을 쌓고 누구도 드나들 수 없게 만든 것은 사회 전체에 참을 수 없는 불합리를 가중시켰다. 통일 전에는 전공戰功을 세워 출세할 수 있는 기회가 조금은 열려 있었지만, 그러한 기회마저 사라져 버리자 참지 못한 신라인들은 마침내 골품제의 장벽을 무너뜨려 버렸다. 절대 다수가 욕구를 성취할 수 있는 길이 막혀 혈통이 곧 능력이 되는 상태가 몇 세대나 이어졌으니 민심이 신라를 버리는 것도 당연했다.

신라의 실패에서 힌트를 얻은 고려는 중국의 과거제도를 도입했다. 법제적으로 모든 양인계층에게 관직 진출의 길을 열어준 것이다. 노비에게는 과거에 응시할 자격이 주어지지 않았지만 민주주의의 시조라고 하는 아테네에서도 노예에게 참정권을 주지 않았던 것을 감안하면, 노비가 관직에 진출할 수 없었던 것을 과거제의 치명적인 한계로 지적하기는 어려울 것 같다.

노비가 되는 경우는 대개 반역죄를 지었거나 전쟁포로로 잡혀 온 경우, 부채를 갚지 못한 경우였는데, 반역죄인 또는 전쟁포로의 자손을 국정에 참여하지 못하게 한 것은 왕조국가 체제에서 당연한 일이었다. 그리고 빚을 갚지 못해 스스로 노비가 된 사람은 일정한 재물을 내고 양인이 되는 것도 가능했기 때문에, 이들이 관직에 오르는 것이 완전히 불가능한 일이라고 말하기는 어렵다. 고려시대에도 잦은 외침外侵으로 군공軍功을 세울 기회는 많이 있었고 이에 대한 보상으로 실제 직무가 없는 일종의 명예직이 주어지는 경우가 많았기 때문에, 실제로 신분 상승의 기회가 완전히 막혀있는 사람들은 많지 않았을 것이다.

과거제는 점점 더 넓은 인력풀을 확보하고 공정한 경쟁을 지향하는 쪽으로 정비되었다. 지공거 출신들이 세운 사학私學이 관학官學을 압도하게 되자 예종은 공교육의 경쟁력 강화를 위해 정부 주도의 프로젝트를 펼치기도 했다. 양현고養賢庫라는 장학재단을 설립하고 7재라는 전문 강좌를 국자감에 둔 것이다. 이것은 당시 학생들로부터 호응을 얻고 있었던 사학의 교육 방식을 벤치마킹한 것이기도 했다.

하지만 과거는 결코 합격하기 쉬운 시험이 아니었다. 고려와 조선시대 모두 최종 합격자 수는 많아야 33명 내외였고 고려의 경우 합격자가 적을 때는 1~2명일 때도 종종 있었다. 매년 시험이 있는 것도 아니었으니 중년의 나이를 훌쩍 넘겨가며 공부만 하고 있는 사람들도 적지 않았을 것이다. 고려시대 과거 시험의 경쟁률은 알 수 없지만 조선시대에 대략 2000 대 1 정도였다고 하니, 인생을 바쳐 공부한다고 해도 합격하기 어려운 시험임이 분명했다.

과거시험은 비록 법제적으로 모든 양인이 응시할 수 있는 시험이었지만 현실적으로 좋은 가문 출신이 합격할 확률이 높다는 것은 당시 사람들도 잘 알고 있었다. 또 한미한 가문 출신의 사람이 총명함을 타고나서 시험에 합격한다 해도 실제로 관직에 임명되기까지는 오랜 세월을 기다려야 하는 경우가 많았고, 천신만고 끝에 관직을 받았어도 요직에는 오르기 어려웠다.

하지만 현실적으로 합격이 거의 불가능해 보이는 관직의 등용문일지라도 열려만 있다면 희망은 있었다. 경쟁률이 아무리 높아도 그것은 인간의 의지와 노력으로 극복할 수 있는 부분이기 때문이다.

이처럼 고려왕조가 500년 가까이 지속될 수 있었던 배경에는 사회 계층 간에 이동을 가능하게 해준 과거제도가 있었다. 과거제도는 골품제에 의해 막혀 있던 신분 상승의 길을 열어 구성원들에게 미래에 대한 희망을 가질 수 있게 만들었고, 이러한 희망이 고려 사회에 활력을 불어넣었다.

망국亡國의 징조

고려왕조가 위기를 맞게 된 것은 무신정변(1170년)이후부터였다. 무신들이 권력을 장악하면서 과거에서 사람을 제대로 뽑지 못했으며, 관

공민왕릉(개성시 개풍군 소재)

리의 인사를 최우가 자신의 집 안에 설치한 정방政房에서 마음대로 처리하여 정치가 문란해졌다. 이후 몽골과의 무력 충돌이 약 29년 간 계속되었고, 그 중 큰 전쟁만도 9차례나 있었으니 국가가 유지된 것만도 놀라운 일이라고 할 수 있다. 무신정권이 종언을 고하면서 비록 몽골과의 전쟁은 끝났지만, 이후 원의 과도한 요구와 내정간섭으로 인해 혼란스러운 상황이 계속되었다.

고려 말에 나타난 망국의 사인Sign은 그야말로 총체적인 것이었다. 재정파탄은 말할 것도 없고, 외적의 침입까지 폭발적으로 일어났다. 하지만 이러한 위기는 뛰어난 전투능력을 가진 사람들에게는 오히려 기회였다. 이성계가 이름을 떨치게 된 것도 이 시기였다. 재정이 바닥난 정부는 군공을 세운 자들에게 첨설직(추가로 만든 이름뿐인 관직)을 남발했고, 이들은 신분 상승의 기회를 얻었다.

이제 고려 정부의 입장에서 개혁은 선택이 아닌 필수였다. 공민왕은 24년의 재위 기간 동안 고려왕조 역사상 가장 많은 인원(총 262명)을 과거시험을 통해 선발했다. 당시 권력을 장악하고 있던 친원^{親元}세력을 상대하기 위해서는 새로운 인재들이 필요했기 때문이다. 공민왕 즉위 초에 과거시험의 수석합격생이 바로 목은 이색이다. 이후 이색의 문하에서 정몽주, 정도전 등이 배출되었고, 공민왕은 이색을 성균관 대사성으로 삼아 개혁을 계속하고자 하였다. 그러나 공민왕의 개혁은 그가 시해됨으로써 중단되었고, 이제 고려의 운명은 공민왕 대에 과거를 통해 관직에 진출한 인재들의 손에 맡겨졌다.

4. 조선, 능력이 곧 기회인 시대

'개국^{開國}'이 가능했던 이유

역사의 퇴행은 대개 국망^{國亡}으로 증명된다. 국가가 망하는 원인은 크게 두 가지로 나눈다면, 외부로부터 공격을 받거나 내부에서 모순이 증가하는 경우이겠다. 두 가지 문제가 동시에 일어날 수도 있다. 고려 말의 상황이 바로 그랬다. 1350년 경인년 이후 왜구의 침입이 폭발적으로 늘어났다. 이때의 왜구는 규모도 컸을 뿐만 아니라 20여 년간 기록에 남은 침입 횟수만도 100회가 훨씬 넘는다. 북쪽에서는 홍건적이 침입하여 공민왕이 안동까지 피란하는 상황이 벌어졌다(북로남왜 北虜南

황산대첩비(전북 남원시 운봉읍 소재)

倭). 만약 우왕 대에 최무선이 화약 제조에 성공하지 못했다면, 고려인 들의 고통은 끝도 없이 이어졌을 것이고, 이성계도 황산대첩의 기회 를 얻지 못했을 것이다.

국내 문제도 심각했다. 부원배附元輩(원에 붙어 권력을 휘두르는 자 들)가 불법으로 민간의 토지를 겸병하여 자기 소유로 만들거나, 수조 지收租地(세금을 걷을 권리가 있는 땅)로 만들어 세금을 빼앗아 가니, 견딜 수 없어진 백성들은 전 재산을 세력가에게 바치고 스스로 노비가 되는 일이 속출했다. 국가재정이 고갈되어 관리에게 녹봉조차 줄 수 없 게 되었고, 왜구와의 싸움에서 공을 세운 사람들에게 보상할 길이 없 어 '첨설직'이라는 허직虛職(이름뿐인 명예직)을 마구 만들어 주었다. 이 때문에 세간에는 '억만첨설'이라는 말이 떠돌 정도였다. 원 간섭기 동안 과거제는 사실상 유명무실해져서 극소수의 인원만이 선발되었는데, 그 나마도 권문세족의 전횡으로 시험의 공정성을 보장하기 어려웠다.

고려 말 개혁을 주도했던 세력이 해결하고자 했던 문제는 바로 이런 사회경제적 모순이었다. 과거제도는 지공거에 의해 장악되어 있는 것이 문제였고, 토지는 권문세족에 의해 무차별적으로 탈점奪占(남의 땅을 빼앗아 차지함)되어 있는 것이 문제였다. 이성계의 위화도 회군 이후, 권력을 장악한 신진세력은 이러한 문제를 해결하고자 적극적인 개혁을 추진하였는데, 지공거 제도를 폐지하고 과거시험에 2명의 시관試官(과거시험의 운영을 담당하는 관리)을 두게 하여 공정성을 강화하였다. 그리고 세력가들이 농민들로부터 불법으로 빼앗아 세습하고 있는 사전私田 문제 역시 과전법 실시를 통해 과감하게 개혁했다.

국가가 망하게 되는 첫 번째 원인을 세계사에서 찾는다면 (전쟁을 제외하고서는) 아마도 재정 파탄일 것이다. 고려 말의 재정 상태는 재상이 되어 토지 300결을 받아야 할 사람에게 송곳을 꽂을 만큼의 땅도 주지 못하는 상태였다.[11] 과전법은 비록 조준 등 토지개혁을 주장했던 사람들이 처음에 생각한 '계민수전計民授田(국가가 토지를 몰수하여 백성의 숫자만큼으로 나누어 분배함)'에서는 한 발 물러난 것이었지만, 세력가들의 불법적인 수조지(사전私田)를 일거에 혁파한 것만으로도 혁명적인 개혁이라 할 만했다.

과전법을 혁명에 가담한 사대부들의 경제적 기반을 마련해주기 위한 개혁으로 평가하는 경우도 있는데, 과전법 실시로 혁명파에게 특별히 마련해 준 경제적 기반이 무엇인지는 구체적으로 밝히지 않은 채, 개혁의 의미를 혁명파의 이익을 위한 것으로 축소하는 것은 온당치 않다. 1388년에 추진되기 시작한 토지제도의 개혁이 만약 혁명파에게 특혜를

---

11 『고려사』 권78, 지32, 식화1, 전제(田制), 녹과전.

주려는 의도를 가지고 있었다면 과연 1392년에 신왕조 개창이 가능했을까? 위화도 회군으로 무력을 장악했기 때문에 이성계 세력이 무엇이든 다 해도 되었을 것이라고 생각할 수도 있지만, 회군 후 실권을 장악한 사람은 조민수였고, 창왕은 조민수가 세운 왕이었다. 조준이 토지개혁을 주장하는 상소를 올린 것은 창왕 초기였다.

위화도 회군으로 권력을 장악한 조민수가 실각하게 된 까닭은 과거 우왕을 옹립하여 세도를 누린 자신의 친척 이인임을 다시 정계에 복귀시키려고 했기 때문이었다. 이인임이 복귀하게 되면 부원배들의 세상이 다시 오게 될 것이고 그것은 고려 백성들이 바라는 미래가 아니었다.

토지제도 개혁의 필요성은 이색을 비롯한 모두가 공감하는 바였으나, 그 범위와 방법 면에서는 이견이 있었다. 이색, 정몽주, 조준, 정도전 등이 수차례 치열한 토론을 벌였고 결국 세력가들이 가지고 있는 수조지를 폐지하는 방향으로 개혁이 진행되었다. 과전법의 실시로 정부는 국가 재정과 신진 관료에게 지급할 수조지를 확보할 수 있게 되었고, 농민들 역시 경작지에 대한 소유권을 보장받을 수 있었다.

과전법을 혁명파 사대부들의 경제적 기반을 마련을 위한 제도라고 설명하는 것은 조선 개국 세력의 개혁 의지를 폄하한 평가이고, 고려 말의 사전私田 문제를 너무 가볍게 본 해석이다. 당시 권문세족과 사원 등 세력가에 의한 토지 겸병 문제는 해결할지 말지를 선택할 수 있을 만큼 만만한 문제가 아니었다.[12] 이 문제를 해결하지 않고서는 국가를 더는 유지할 수 없을 정도의 절체절명의 과제였다.

과전법 시행에 찬성한 세력이 혁명에 동조한 세력과 반드시 일치하

---

12 고려 말 사전(私田) 문제에 대해서는 다음 저술을 참고로 할 수 있다. 이경식,
   『한국 중세 토지제도사』(고려, 조선전기), 서울대학교 출판문화원, 2011, 2012.

는 것도 아니다. 권근, 변안렬, 우현보 등은 이색과 함께 과전법에 반대하였던 인물들이지만 조선 개국 후 고위 관직을 역임하고 공신의 반열에 오른 이들이다. 또 과전법을 주도한 조준은 원 세조 대에 역관으로 이름이 높았던 조인규의 증손으로 본래 권문세족 출신이다.

과전법이 갖는 가장 큰 의미는 당시 고려사회가 직면해 있던 가장 큰 모순을 상당부분 해소함으로써, 조선왕조 개창에 상당한 명분이 되어 주었다는 것이다. 조선 개국은 단지 위화도 회군으로 이성계가 무력을 장악했기 때문에 이루어진 것이 아니라, 이러한 합리적인 개혁을 통해 사회경제적 모순을 해결함으로써 민심을 얻었기 때문에 가능했다.

조선, 차원이 다른 '합리성'을 구현하다!

조선 건국 직후 태조가 내린 즉위 교서의 내용은 첫 번째로 종묘사직을 세울 것, 두 번째로 공양왕의 동생에게 왕씨의 제사를 받들게 할 것, 그리고 세 번째로 언급한 것이 바로 과거제도 개편이었다. 태조는 문무文武 양과 중 어느 한 가지도 버릴 수 없음을 분명히 하고 중앙에는 국학, 지방에는 향교를 두어 인재를 양성하게 하였다.

그리고 고려의 과거제가 나라를 위해 인재를 뽑는 본래의 목적에 충실하지 않고 좌주니 문생이니 하며 공적인 제도를 사적인 은혜로 삼았다고 비판하며, 문과는 유교경전을, 무과는 활쏘기와 경서 내용을 익힌 정도를 각각 3장제(초시-복시-전시)에 의해 시험하여 최종 33명을 뽑게 하였다.[13]

---

13 『태조실록』권1, 태조 1년 7월 28일 정미.

태조 이성계 초상(전주 경기전 소재)

조선시대 과거제도가 관직 진출의 통로를 넓히고 실력을 더욱 중시하는 방향으로 정비된 것은 유교적 합리주의의 공로였다. 맹자는 '고자장구告子章句'에서 제 환공의 맹약을 인용해 사士에게 관직을 세습시켜서는 안 된다고 강조하였다. 맹자가 살았던 춘추전국시대에는 각국이 치열한 경쟁을 벌이며 출신에 상관없이 능력 있는 인재를 등용했기 때문에 다양한 분야에서 발전이 이루어졌다.

조선을 건국한 세력은 역사적 경험을 통해 소수 귀족들이 특권을 독점하는 것의 위험성을 잘 알고 있었다. 조선왕조 개창의 주역 중 한 사람이었던 정도전은 혈통에 의해 세습되는 왕이 직접 정치를 하는 것보다 무수한 경쟁을 뚫고 자신의 실력으로 최고의 자리까지 올라온 재상이 정치를 해야 한다고 주장했는데, 이는 왕조국가 체제하에서는 나오기 힘든 대단히 합리적인 발상이었다.

이상적인 정치를 펼 수 있을 정도로 능력이 뛰어난 사람이 재상의 자리에 오를 수 있으려면, 관리의 선발과 임용, 승진 제도가 '합리적으로' 운영되어야만 했다. 고려에도 과거제도는 있었지만 음서를 통한 관직 등용이 만연하였고, 사학私學의 창궐과 문벌귀족의 형성으로 인해 사회적 불합리가 축적되었다. 고려 전기 문벌귀족 사회의 모순이 종국에 무신정변을 초래했고, 이것이 고려 사회를 걷잡을 수 없는 혼란에 빠져들게 하였음은 주지의 사실이었으므로, 조선에서는 이러한 문제를 바로잡기 위해 인재를 등용하는 제도부터 세심하게 손보고자 했다.

인재의 선발과 관직 승진 제도에 있어서 조선이 고려와 차별화되는 부분은 인재를 등용할 때 출신 가문보다 개인의 능력을 훨씬 더 중요하게 생각했다는 점이다. 조선에서는 과거를 치르지 않고 입사入仕(관직에 들어옴)한 자들은 과거시험에 합격한 사람들에 비해 능력이 부족하다고 여겨졌고, 청요직(3사의 관직) 진출에도 제한을 받았다. 이처럼 가문보다는 개인의 능력을 중시하는 풍조가 자리 잡게 되면서, 다른 경로로 관계官界에 들어갈 수 있어도 반드시 과거시험을 통해 관직에 진출하려는 사람들의 숫자가 크게 늘어났다. 가문이 아닌 능력을 통해 원하는 사회적 지위를 획득할 수 있는 기회가 확대된 것이다.

직계 조상이나 가까운 친족 가운데 5품 이상의 관료가 있으면 그 사람의 추천에 의해 무시험으로 관직에 등용될 수 있었던 '음서제' 역시 사실상 폐지되었다. 흔히 조선에도 음서와 유사한 '문음'과 '천거' 제도가 있어 조상이 고관을 지냈을 경우 무시험으로 관직에 등용될 수 있었던 것으로 알려져 있는데, 조선시대의 문음은 2품 이상 고관의 자손으로 한정되어 있었고 관직에 들어오기 위해서는 4서와 5경 중한 과목씩 시험을 치러야 했다. 그리고 이렇게 시험을 쳐서 합격한다해도 임시직이나 궁직, 능직 등 낮은 품계의 한직閑職에 등용될 수 있을 뿐이었기 때문에, 이를 고려의 음서와 비슷한 제도로 평가하는 것은 무리가 있다.

또 천거는 3품 이상의 관료 등 극히 제한된 사람들에게만 그 권한이 주어졌고, 문음으로 들어온 사람과 마찬가지로 시험을 치러야 했으며, 천거로 관직에 임명된 사람이 죄를 짓게 되면 추천인도 함께 처벌받게 되는 등 책임이 무거워서 실제로 천거로 관직에 들어온 사례는 극히 드물었다.[14]

'출세의 사다리'가 되어준 조선의 교육 시스템

조선의 '양반'을 세습적인 '신분'으로 여기게 된 까닭은 관직에 진출한 양반의 자제들이 좋은 교육환경을 가졌기 때문에 과거에 합격할 확률이 일반 농민에 비해 훨씬 더 높았을 것이라는 가정 때문이다. 실제로 부유한 양반 가문에서는 집안에 독선생을 들여 자제를 가르치거나 이름 높은 스승에게 학문을 익히도록 하여 과거시험에 합격할 확률을 높이고자 하는 경우가 많았다. 하지만 이런 현상은 현대 사회에서도 더하면 더했지 덜하지는 않은 일이고, 아무리 좋은 교육을 받는다고 해도 그것이 과거 급제와 직결되는 것은 아니었다.

가난한 농민들은 교육을 제대로 받지 못해 과거시험에 합격하기 어려웠을 것이라는 생각도 조선이 양반 중심의 사회였다는 고정관념에서 비롯된 일종의 편견에 가깝다. 세종 대의 기록에 따르면 농민의 70~80%가 1~2결(1결:쌀 400두를 수확할 수 있는 정도의 토지)의 토지를 가졌었다고 하니,[15] 이 정도면 자식을 공부시키는 것이 불가능하다고 할 수 없었다.

---

14 한영우, 같은 책 1권, pp. 35~39.
15 한영우, 같은 책 1권, pp. 51~52.

비록 당시에는 피역避役(군역을 면함)의 수단으로 치부되기도 했지만 조선시대 지방의 공립학교였던 향교鄕校에는 일반 양인 출신들이 다수 등록되어 있었고, 향교에서는 국가의 비용으로 배울 수 있었기 때문에 학비가 필요 없었다. 또 농사철에는 방학을 하고 추수 뒤에 개학했기 때문에 농민의 자제도 충분히 학업을 이어갈 수 있었다.

이런 사정 때문에 향교에는 일반 농민의 자제가 많이 다녀서, 지방 양반들은 자제를 서원에서 별도로 교육시키려고 하는 경우가 많았다. 조선 후기에 서원이 남설된 데에는 이런 사정도 있었다. 따라서 교육의 기회가 양반 자제에게만 편중되어 있었다거나, 양반과 비양반 간에 사실상 신분의 장벽이 있었다고 하는 것은 조선 사회에 대한 정확한 설명이 아니다.

조선이 '중농억상重農抑商' 정책을 취해 제도적으로 농민만 우대하였다는 것도 사실이 아니다. 농민의 경우 농한기에 공부하여 과거에 합격하는 경우가 많았기 때문에 잠재적 관료 후보군으로 여겨져서 사회적으로 우대받았던 것이고, 상업과 수공업에 종사하는 사람들은 과거에 응시하는 것이 현실적으로 불가능했기 때문에 사회적 인식이 농민과 달랐던 것이다.[16]

조선에서는 향리 출신이나 기술관이 문무과에 합격하여 관직에 진출하는 경우도 많이 있었고, 특히 조선 초에는 기술관이 당상관에 제수된 사례도 있었다. 또 천민이라도 주인에게 대가를 지불하고 양인이 될 수 있는 기회가 열려 있었으며, 공노비의 경우 국가로부터 직역을 받아 기술직 또는 낮은 품계의 실무직에 종사하는 경우도 왕왕 있었다. 한

---

16 한영우, 같은 책 1권, pp. 49~53.

마디로, 자신의 재능과 노력에 따라 성공할 수 있는 기회가 다른 어느 때보다 활짝 열려 있었던 때가 바로 조선시대였던 것이다.

과거 급제자의 '실제|real' 출신성분[17]

조선 초기 이러한 사회적 역동성을 증명해 주는 것이 바로 '낮은 신분 출신의 사람들'이 문과에 합격한 비율이다. 한영우 교수는 과거 합격생의 이름과 4대조의 이름 등이 기록된 자료인 『방목榜目』(합격자 명부)과 각 성관姓貫(본관)의 족보를 분석하여, 양반 집안의 자제라고 볼 수 없는 사람들이 문과에 합격한 비율을 밝혀낸 연구결과를 책(『과거, 출세의 사다리』 1~4권)으로 출간하였다.

이 연구에 따르면 조선왕조 전시기에 배출된 문과 급제자 총 14,607명 가운데 신분이 낮은 급제자의 비율이 평균 30%를 훌쩍 뛰어 넘는다. 시기별로 보면 조선 전기(태조~선조) 217년 동안 문과급제자의 총수는 모두 4,527명이며, (과거가 해마다 치러졌다고 가정하면) 매년 평균 약 21명 정도가 선발된 것으로 계산해 볼 수 있다. 조선후기(광해군~1894년 과거제 폐지) 287년 동안에는 이보다 인원이 늘어 총 급제자 수는 10,080명이고 매년 평균 약 35명 정도를 선발한 것으로 볼 수 있다.

조선 전기(태조~선조)에 신분이 낮은 급제자로 볼 수 있는 사람은 총 1,100명으로 전체 합격자 가운데 평균 24.29%를 차지하고 있으며, 이들 가운데 3품 이상의 고관이 된 사람들은 약 27.81%다. 급제자 가운데 향리 출신이 총 32명이고, 서얼 출신도 (확인되는 사람만) 17명

---

17 이 chapter의 내용은 한영우 교수의 『과거, 출세의 사다리』 1~4권, 지식산업사, 2013'의 내용을 바탕으로 작성되었다.

「소과응시」(『풍속도병풍』, 국립중앙박물관)

이나 있었으며, 잡과 출신 중에 다시 문과를 쳐서 급제한 사람도 17명이다.

신분이 낮은 급제자의 비율을 시기별로 나누어서 보면, 태조 대에는 40.4%, 태종 대에는 50%, 세종 대에는 33.47%, 문종~단종 대에는 34.63%, 세조 대에는 30.42%로, 매우 높게 나타나다가, 예종 대부터 20%대로 떨어지기 시작하여 16세기(연산군~선조)에는 평균 18.6%로 비율이 낮아지는 것을 볼 수 있다.

그리고 양란 이후 광해군~영조 대에 신분이 낮은 급제자는 모두 1,652명으로 전체 급제자 5,577명 가운데 평균 29.62%이고, 특히 영조 대에는 37.26%로 그 비율이 매우 높다. 이들 가운데 3품 이상의 고관이 된 자는 모두 203명으로, 신분이 낮은 급제자 가운데 12.28%정도였다. 같은 시기 서얼 출신의 급제자 수는 모두 45명이고, 3품 이상의 직에 오른 사람은 이들 중 8명이다.

정조~철종 대에는 신분이 낮은 급제자의 비율은 정조대에 53.02%, 순조 대에 54.05%, 헌종 대에 50.98%, 철종 대에 48.19%로, 순조 대에 최고로 치솟았던 비율이 헌종 대부터 하락세로 돌아서는 것을 볼 수 있다. 이 시기 신분이 낮은 급제자의 비율은 평균 50% 이상으로, 문과 급제자의 절반 이상이 기존 벼슬아치의 자손이 아니었음을 보여준다. 세도정치 시기 과거장에서 부정행위가 만연하였음을 감안해 보면 놀라운 비율이다. 마지막으로 갑오개혁을 통해 과거를 폐지하는 고종 대에는 신분이 낮은 급제자의 비율이 58.61%로 최대치를 기록하고 있다.[18]

---

18 한영우 교수는 '신분이 낮은 급제자'에 ① '방목'에 본관이 없는 급제자, ② '족보'에 가계가 보이지 않는 급제자, ③ '족보'에 본인의 이름은 있지만 아버

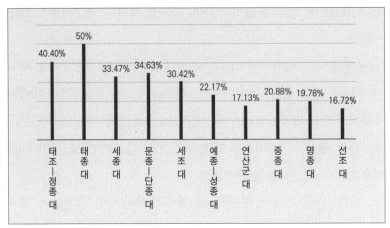

태조~선조 대 신분이 낮은 급제자 비율 (한영우, 『과거, 출세의 사다리』 1권, 20쪽)

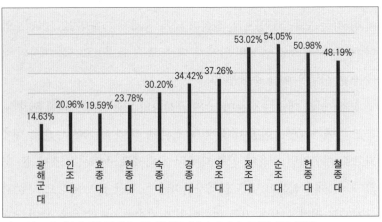

정조~철종 대 신분이 낮은 급제자 비율 (한영우, 『과거, 출세의 사다리』 3권, 26쪽)

한영우 교수는 『방목』에 본관이 기재되어 있지 않거나 족보에 급제
자의 가계가 나타나 있지 않은 경우, 혹은 족보에 본인의 이름이 없는

지 등 윗대의 조상이 보이지 않는 급제자, ④ 향리 출신 급제자, ⑤ 내외 4대조
가운데 벼슬아치가 없는 급제자를 포함시켰다(한영우, 같은 책 1권, pp. 106~
115).

경우 등은 서얼 출신이거나 노비에서 양인이 된 경우이거나, 노비 출신이 신분을 속이고 과거시험을 치른 경우일 것으로 추측했다. 과거시험에 응시하기 위해서는 4대조의 이름을 적도록 되어 있었는데, 이름을 모르면 아버지 이름만 적어도 무방했기 때문에 신분을 속이는 것이 불가능하지 않았기 때문이다.

이렇게 되자 중종 대에는 신원을 속이는 급제자가 급증하여 보증인을 세우도록 제도를 보완하였는데, 이 경우에도 8촌 이내 친지가 있으면 그 사람이 "아무 고을에 사는 아무개"라고 써주면 되고, 그런 사람이 없으면 경재소 관원 등이 이렇게 써주면 되는 것이라서, 응시자가 위조하려고 마음먹는다면 그렇게 어려운 일이 아니었다. 따라서 서얼의 문과 응시가 『경국대전』 규정상 금지되어 있었고 잡과와 무과를 통해 등용되어도 최고 정3품까지밖에 승진할 수 없게 하는 한품서용限品敍用 규정도 있었지만, 이것이 실제로 얼마나 지켜졌는지는 알 수 없다.[19]

신분 상승의 가능성과 인구와의 상관관계

조선시대 신분 상승의 가능성이 수치화되었으므로, 이를 토대로 신분 상승의 가능성과 인구증감과의 상관관계를 살펴보는 것도 가능하겠다. 지금까지 조선시대 인구 증감은 농업 생산력, 기근과 역병 등의 재난, 조세 수입 등과 관련하여 계량적인 자료를 활용한 연구가 주로 진행되었고, 사회적 요인과의 상관관계는 파악되지 않았다. 그러나 인구 증감에 영향을 미치는 요소가 반드시 식량 생산량과 같은 경제적

---

19 한영우, 같은 책 1권, p. 56.

190

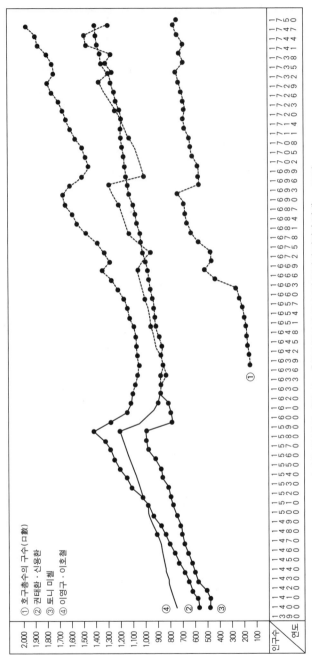

조선시대 인구추정 제설 비교 (『신편 한국사 30 조선 중기의 정치와 경제』, p. 377)

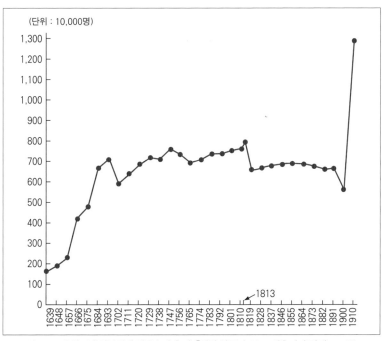

(단위 : 10,000명)

인조 17~융희 4년 정부집계 인구수의 추세 (『신편 한국사 33 조선후기의 경제』, p. 15)

지표에 한정되는 것은 아닐 것이다. 특히나 조선시대에는 농업생산력이 크게 증가하였고, 특별히 전쟁이나 전염병의 유행 등 재난이 발생한 상황이 아니라면 굶어죽는 인구의 비율이 전체 인구에서 높은 비율을 차지하는 것은 아니었다. 따라서 사회적 요인이 인구증가에 미치는 영향도 컸을 것으로 추측된다.

요즘과 같이 인구의 급감이 국가적인 난제가 되고 있는 시기에 기회의 증가에 의한 계층이동의 가능성이 인구증감에 미치는 영향을 역사적으로 파악해 볼 수 있다면, 대안을 마련하는 데 상당한 참고가 될 수 있을 것이다.

조선시대 인구 총수에 대한 기록은 아쉽지만 정확하지 않다. 하지만 토니 미셸의 연구에 따르면, 16·17세기 유럽 국가들에 비해 특별히 더 불확실한 것은 아니라고 한다.[20] 통계가 정확하지 않은 이유는 호ｒ별 구ㅁ의 숫자, 즉 가구당 가족 수가 조사의 목적에 따라 다르게 설정되어 있기 때문이다. 1639년 이후에는 3년마다 한 번씩, 그리고 1839년부터는 매년 호구 총수가 조사되었으나, 그 이전에는 주로 '실록'의 기록에 나타난 가구ｒ 수에 각 가구별 평균 가족 구성원의 숫자인 2.1명, 혹은 3.1명을 곱하여 총 인구 수를 산출할 수밖에 없기 때문에, 실제 인구와는 크게 차이가 있을 수밖에 없다.[21]

토니 미셸Tony Michell은 15세기 세종 대 조선의 인구를 약 550만에서 700만 정도로 추정했다. 그리고 15세기 말에서 16세기에는 정체되는 양상을 보이다가, 16세기 후반부터는 인구 성장이 눈에 띄게 완화된 것으로 파악했다. 건국 초기의 사회적 역동성이 사라지면서 인구 역시 정체기에 접어들었던 것이다. 임진왜란 이후에는 경작지의 면적이 급감하여 광해군 3년(1611)에 실시된 양전量田을 통해 파악된 면적은 이전의 1/3에 불과했고, 1650년경에 임진왜란 이전 인구로 회복되었다. 그리고 1680년대까지 인구가 계속 증가하다가 17세기 말 대기근 등 재난으로 인구가 대폭 감소했고, 이후 다시 증가하여 1732년에는 1,360만 명에 이르렀다. 18세기에는 역병 등 재난으로 인해 두 차례 인구가 감소하는 시기가 있었으나, 꾸준히 증가하는 추세를 보여 1810년까지는 1,300만~1,420만 사이를 유지하였다. 순조 10년(1810) 이후에는 가뭄과 기근에 의해 인구가 급감하는 양상을 보였고, 1876년(개항)까지 1,220만

---

20 Tony Michell 저, 김혜정 역, 「조선시대 인구변동과 경제사-인구통계학적 측면을 중심으로-」, 『역사와 경계』 17, 1989, p. 3.

21 Tony Michell 저, 같은 논문, pp. 3~9.

~1,270만 사이를 오르내린다.[22]

전체적인 인구 증감 추세에서 17세기 말 숙종과 18세기 영조 대에는 대단히 큰 기근과 역병으로 큰 폭의 인구 감소가 일어났던 사실이 확인되지만, 그에 비해서는 빠른 회복 능력을 보여주고 있다.[23] 그러나 순조 10년(1810) 이후 세도정치가 본격화되고 민란이 빈발하면서부터는 그렇게까지 큰 재해가 없었음에도 불구하고 인구가 감소하는 경향을 보이고 잘 회복되지 않는다.

토미 미셸의 연구 결과는 '실록'의 인구 자료와 수치상으로는 큰 차이를 보이지만 인구의 증감추세 면에서는 다른 연구들과 비슷한 결과를 보여준다. 15세기에 증가하다가 16세기에 감소 혹은 정체기를 겪고, 17세기 중엽부터 다시 증가했다가 19세기 초에 급감하여 개항기까지 그 상태가 유지되는 것이다.

신분 상승의 가능성과 비교하면, 15세기(태조~연산군)에는 낮은 신분 출신의 급제자 비율이 최고 50%에서 연산군 대 최저 17% 정도로 평균 약 30% 정도였는데, 16세기부터 17세기 중엽(중종~효종)에는 평균 18.75%로 축소되었고, 17세기 중엽부터는 다시 증가세를 보여 효종 대 19%에서 현종 대에 23.78%, 숙종 대에 30% 이상으로 증가한다. 17세기 중엽 현종에서 숙종에 이르는 시기에 7%가까이 오른 뒤 계속해서 상승세를 보이는 것이다. 현종 대는 '예송' 말고는 교과서에서 배우는 것이 없는 시기인데, 신분 상승의 가능성과 인구는 큰 폭으로 증

---

22 Tony Michell 저, 같은 논문, pp. 14~21.

23 18세기 중엽 영조 대에는 인구 100만 이상이 사망하는 조선시대 최대의 역병이 유행한 것으로 확인된다(김영환, 「조선시대 역병 발생 기록에 대한 분석 연구」, 『Journal of Science & Medical Technology』 27(2), 2001, p. 56, 표7-전국 및 일부 지역의 역병 사망자 수 현황).

가한 시기였던 것이다. 숙종 대에 30%대로 올라온 낮은 신분의 급제자 비율은 이후 계속해서 증가하여 영조 대에 37%, 정조 대에는 50%를 넘나들었다. 이는 조선 후기 생산력의 발달로 서민 계층의 경제력이 증가함으로써 전반적으로 교육 수준이 높아진 결과로도 볼 수 있지만, 다른 쪽에서 보면 양란을 거치면서 사회적 유동성이 증가하게 되자 서민들이 재산을 모아 신분 상승을 이루려는 욕구가 더욱 커져서 그로 인해 경제적 변화가 촉진된 것으로도 볼 수 있다. 반드시 경제적 측면의 변화가 사회변화를 이끌어냈다고 볼 이유는 없다. 16세기에 형성되었던 사회구조의 경직성이 양란을 계기로 유연하게 바뀌면서, 사회계층 간에 유동성이 커진 것이 경제적 변화를 자극하였을 수도 있다. 생산력 증가와 계층이동의 가능성 확대는 서로 선행하고 후행하는 인과관계에 있는 것이 아니라 상호작용을 하였을 가능성이 더 높았을 것이다. 조선 후기 향촌 사회에서는 전통적인 사족 세력(구향舊鄕)과 새롭게 성장한 부유한 서민 계층(신향新鄕) 간의 대립이 전쟁을 방불케 했는데 (향전鄕戰), 재산을 축적한 서민 계층이 향권鄕權을 차지하려고 했던 까닭도 근본적으로는 신분 상승을 통해 사회경제적 기회를 확대하려는 욕구 때문이었을 것으로 보인다.

정조 이후 순조 대에 54%까지 증가했던 낮은 신분 출신 급제자의 비율은 헌종과 철종 대에는 50%, 48%로 다시 감소한다. '추세'만으로 본다면, 인구의 증감과 신분 상승 기회의 증감이 대개 비슷한 흐름을 보여준다고 할 수 있다.

신분 상승의 가능성과 경지 면적 간의 상관관계

전답田畓 규모의 증감 역시 인구 증감과 마찬가지 추세를 보여준다. 고려 말 경작할 수 있는 전결 수는 약 62만여 결에 불과하였던 것이, 태종 초에 78만여 결로 증가하였고 세종 14년에는 인구의 증가와 더불어 약 173만 결로 증가했다. 16세기는 자료가 크게 부족하여 전결 수를 파악하기 어려우나, 대체로 농사가 잘 되는 경상·전라도가 약간의 증가세를 보였을 뿐, 다른 지역은 그대로 유지되었거나 오히려 감소한 것으로 보인다.[24] 이는 16세기 농학의 발달과 농업 기술의 향상 정도를 고려해 보았을 때 이해할 수 없는 현상이다. 16세기에 이처럼 경지 면적의 증가를 볼 수 없는 것은 황무지에 대한 개간이 그만큼 이루어지지 않았던 것으로 해석할 수 있고, 이는 당시 인구의 정체 또는 감소 현상과 연관지어 생각해 볼 수밖에 없다.

16세기에 정체 현상을 보였던 경작지 규모는 양란을 겪으면서 110여만 결로 크게 감소하였다. 하지만 숙종 말년에는 약 140만 결로 증가하였으며, 순조 초인 1807년까지 145만여 결로 꾸준히 증가세를 보이다가, 순조 7년에서 고종 즉위 초까지 세도 정치 시기에 11,000여 결 이상 감소한다.[25] 신분 상승의 기회가 확대, 혹은 축소되는 시기와 궤를 같이 하여 경지 면적 역시 증가, 또는 축소하는 양상을 보이는 것이다.

---

24 『신편한국사』 24, 조선초기의 경제구조, pp. 113~117.

25 오기수, 「조선시대 각 도별 인구 및 전답과 조세부담액 분석」, 『세무학연구』 27(3), 2010, p. 250, 표4. 원전의 도별 결수 평균 및 구성비.

문장을 잘 지어야 하나? 머리가 좋아야 하나?

과거제도를 더욱 합리적으로 정비하려는 노력은 조선왕조가 지속된 전 기간에 걸쳐 계속해서 이루어졌다. 시험 과목도 조선시대에는 고려에 비해 실력을 더욱 중시하는 방향으로 바뀌어 갔다. 과거 시험과목을 시부詩賦(시와 부(고대 운문의 한 형식))에서 유교 경전과 정치 현안에 대한 의견을 묻는 대책對策으로 바꾸어 나가려는 시도는 고려 말 이제현에 의해 이미 시작되었다. 원의 간섭으로 국가가 어려운 상황에서 옛 고전 문학작품을 시험 쳐서 인재를 뽑는 것은 현실적이지 않았기 때문이다. 공민왕 대부터 고려 말에 이르기까지 시부詩賦는 시험 과목에 간혹 포함되었지만 예전처럼 중시되지 않았고, 1388년 마침내 폐지되었다.

조선 건국 후에도 문학적 재능을 시험하는 '진사과'는 그 설치와 폐지가 거듭되었는데, 문종 2년(1452)에 최종적으로 설치가 확정되었다. 하지만 조선에서는 생원과 진사를 뽑는 시험은 문과 응시 혹은 성균관 입학을 위한 자격시험에 불과했고, 최종 단계인 '문과(대과)'에 합격해야만 관직에 나아갈 수 있었다. 문과 시험 과목으로는 제술製述(작문 능력 시험)과 강경講經(경서 내용에 대한 이해력과 암기력 시험) 간에 논의가 계속되다가 단종 1년(1453)에 강경으로 최종 확정되었다.[26]

과거시험 과목을 두고 논쟁이 계속된 것은 어떤 인재를 선발하는 것이 국가 발전에 도움이 될 것인지에 대해 그만큼 고민이 깊었기 때문이다. 문학적 재능은 중국 등에 보내는 외교문서 작성에 필요한 능력이었고, 경전에 대한 지식은 이해력과 암기력 등을 판단하기에 좋았다. 문

---

26 존 B. 던컨 저, 김범 역, 『조선왕조의 기원』, 너머북스, 2015, pp. 366~369.

장을 짓는 능력은 고대국가에서 관료에게 요구되는 가장 중요한 능력이었는데, 최치원이 '토황소격문討黃巢檄文(당에서 황소의 난이 일어났을 때 최치원이 토벌을 주장한 격문)'을 지어 크게 이름을 떨칠 수 있었던 것도 훌륭한 문장가에 대한 평가가 그만큼 높았기 때문이다.

고려시대에도 이러한 사정은 크게 변하지 않아 문장을 짓는 능력을 시험하는 시부와 제술이 계속해서 중시되었다. 하지만 고려 말에는 중국과의 관계보다 국내 정치의 중요성이 더 커지면서 관료에게 필요한 능력이 점차 유교 경전에 대한 소양으로 바뀌었고, 조선 초까지 양자 중 어느 것을 택할 것인지에 대한 논의가 계속되다가 최종적으로 경전에 대한 지식을 시험 보는 것으로 확정되었다.

서얼 차별이 시작된 이유에 대한 추측

과거제의 정비 과정을 통해 사회적 합리성의 정도를 평가하여 보았을 때, 조선 사회가 이전에 비해 대단히 발전된 상태였음은 부인할 수 없다. 조상이 아니라 자신의 능력에 따른 성취의 기회가 이전보다 훨씬 더 많아졌기 때문이다. 하지만 그럼에도 불구하고 최고위직으로 승진할 수 있는 시험인 문과에 응시할 수 없는 사람들은 여전히 존재했다. 대표적인 사례가 '서얼'이었다.

서얼의 문과 응시를 막은 것은 조선 태종 대부터였다. '서얼금고법庶孼禁錮法'이 제정된 배경과 경위에 대해서는 정확하게 알기 어렵다. 고려시대에 여러 명의 처妻를 둘 수 있어 상속 등에서 문제가 발생하는 경우가 많았기 때문에 처첩의 구분을 명확히 하려고 했던 것으로 추측될 뿐이다.[27] 당시 여성의 경우 혼인을 하게 되면 친정으로부터 노비와 토지 등 재산을 가지고 오는 경우가 많았는데, 이렇게 형성된 재산이 다른 여성의 자손에게 가게 하는 것은 분쟁의 소지가 있었기 때문이다. 또 본래 맹자가 강조했던 유교 윤리에서 처첩妻妾과 적서嫡庶를 구분하도록 하였고, 태종이 태조의 조강지처 한씨의 소생으로서 이복동생들을 죽이고 왕위에 올랐기 때문에, 처첩과 적서 차별을 분명히 하는 것이 자신의 왕위계승에도 나쁘지 않다고 생각했던 것 같다.

서얼금고법은 성종대에 『경국대전』의 편찬이 완성되면서 법제화되었으며, 이때 재가再嫁(재혼) 또는 실행失行(행실이 좋지 않음)한 여자의 아들과 손자에게도 문과에 응시할 자격을 주지 않도록 하였다. 서얼금고법은 태종 대에 제안된 것이었고, 실행 부녀의 자손에 대한 제한은 고려시대에도 있었기 때문에 이 조항이 『경국대전』에 포함된 것은 논쟁거리가 되지 않았다. 하지만 재가녀의 자손에게까지 문과 응시 자격을 박탈하는 것은 당시에도 이미 반대가 적지 않았다. 여성이 경제 활동을 하는 것이 자유롭지 않은 상황에서 재혼까지 막게 되면 생계를 이어갈 수 없게 될 것이라는 이유에서였다. 재가녀의 자손을 금고한 것은 서얼 출신이었던 유자광이 제안한 것을 성종이 고집하여 관철시킨 것이었다. 성종이 대신들의 반대를 무릅쓰고 굳이 그런 조치를 취한 이유는 알 수 없지만, '실록'에 등장하는 성종의 모습이 유달리 가부장적 사고가 발달하였던 사람처럼 보이는 것은 사실이다. 어머니인 인수대비가 평생 수절하며 '내훈內訓'과 같은 책을 쓸 정도로 유교 윤리에 투철한 여성이었던 것이 영향을 미쳤을 수도 있겠다.

그런데 이때 재가녀再嫁女(재혼한 여성)의 아들과 손자에게 문과 응

---

27 '한국민족문화대백과-서얼금고법' 부분을 참고로 함.

시 자격을 제한한 법을 사실상 여성의 재혼을 막은 법으로 해석하는 경우가 있는데, 이 해석은 과도한 측면이 있다고 생각된다. 상식적으로 (그 아들에 대한) 시험 자격 제한이 있다고 해서 반드시 그 모친이 재혼을 하지 못할 이유가 무엇인지, 그리고 그것을 '금지'라고까지 표현할 수 있는 것인지 의문이 들기 때문이다. 아이를 가질 수 있는 젊은 양반 가문의 여성에 한해서는 사실상 재혼을 금지하는 수준의 강제력을 발휘할 수는 있겠지만, 어차피 집안 사정으로 자식을 공부시키는 것이 불가능한 처지에 있거나 아들이 태어나도 다른 직업을 갖게 해야 하는 사정이 있는 여성, 혹은 건강상의 이유 때문에 아이를 낳지 못하는 여성 등에게는 크게 영향을 미치지 못했을 것이기 때문이다. 재혼 후에 태어날지 말지도 모르는 아들과 손자에 대해 3품 이상의 고관이 될 수 있는 문과에 응시할 자격을 제한한 법을 두고, 조선시대 모든 여성의 재혼을 금지시킨 법으로 해석하는 것은 지나친 확대 해석이 아닐까 싶다.

서얼 차별 문제를 대하는 조선정부의 자세

서얼 출신에 대해 허통(문과 응시 허용)을 주장하는 움직임은 끊임없이 일어났다. 서얼에 대한 차별은 혈통보다는 능력을 우선시했던 조선 사회가 가진 명백한 모순이었기 때문이다. 서얼 출신의 계속된 반발로 인해 명종 대에는 양첩(양인 출신의 첩실)의 서자의 경우 그 손자부터 문과 응시를 허용하였지만, 이는 일시적인 조처에 불과했기 때문에 선조 대에 다시 집단적 상소 운동이 일어나기도 하였다. 또 광해군 대에는 7서지옥七庶之獄(7서자의 난, 계축옥사)[28]이라 불리는 사건이 일어나기도 하였다. 이 사건은 명백한 무옥誣獄(무고한 옥사)이라는 사실이

밝혀졌지만, 당시 조선 사회에서 서얼에 대한 차별이 어느 정도로 심각한 문제였는지 보여준다.

서얼들의 불만이 이처럼 커지자, 임진왜란 중에는 쌀을 바치거나 군공을 세운 서얼 출신에게 문과 응시를 허락해 주기도 하였고, 인조 대에는 양첩의 서자는 그 손자 대부터, 천첩의 얼자는 그 증손 대부터 문과 응시를 허용하는 조처를 취하였다. 효종~현종 시기에는 북벌의 재원을 마련하고자 서얼 출신에게 일정한 곡식을 내고 문과에 응시할 수 있게 했고, 숙종 대에는 서얼들의 집단상소 운동과 서얼 허통에 대한 송시열 등의 찬성으로, 서얼이 문과에 응시할 수 있게 허용하는 조처가 이루어졌다.

그러나 문과에 응시할 수 있게 되었다고 해도 인사권을 가진 이조와 병조의 낭관직이나 청요직에 진출하는 것은 제한되었으므로 또 다시 통청(청요직 진출 허용) 운동이 일어났고, 영조 말년에는 통청윤음通清綸音을 내려 서얼의 청요직 진출과 부형父兄에 대한 호칭 사용을 자유롭게 하였다.[29] 그러나 영조의 윤음에도 불구하고 관행적인 차별은 그대로 남아 있는 경우가 많았다.

정조 즉위 후 서얼출신의 청요직 진출 허용에 대한 보수층의 반발이 커지자, 정조는 '정유절목丁酉節目'을 내려 서얼이 임명될 수 있는 경관직의 범위를 다시 제한하고 조정에서 합의가 되는 경우에만 청요직에 예외적으로 진출할 수 있도록 하였다. 그러나 보수적인 유생들은 정조의

---

28 '계축옥사(癸丑獄事)'는 광해군대 정권을 잡은 대북파가 반대파를 제거하기 위해 일으킨 무옥(誣獄)으로, 영의정을 지낸 박순의 서자 박응서 등 7서자가 문경새재에서 은상(銀商)을 죽인 강도사건을 역모로 부풀려 인목대비의 아버지 김제남 등을 제거한 사건이다.

29 한영우, 같은 책 2권, pp. 652~653.

이러한 조처에도 반발하여 성균관과 향교, 서원에 서얼들의 입학을 막는 실력행사에 나섰고, 이에 항의하는 서얼들의 농성과 집단상소 운동이 7개월이나 계속되었다. 이 사태는 정조가 성균관에 서얼들의 입학을 허용하라는 하교를 내림으로써 종결되었다. 정조는 재위 3년에 규장각 검서관으로 서얼 출신(유득공, 박제가, 이덕무, 서이수)을 기용하여 실제로 중요한 임무를 맡겼는데, 이들은 정조의 각별한 총애를 받으면서 핵심적인 편찬사업에 참여하였다. [30]

순조, 헌종, 철종 대에도 서얼의 집단적인 통청 요구는 계속되었고, 조정에서는 이를 수용하여 서얼에 대한 차별을 철폐하기 위한 노력을 계속하였다. 서얼에 대한 차별과 재가녀의 자손 등에 대한 차별은 1894년 갑오개혁에 이르러 법제적으로 완전히 철폐되었다.

조선왕조에서 과거제를 정비한 방향은 분명 능력을 중시하고 인재 등용의 길을 넓히는 쪽이었다. 서얼 허통에 대한 요구가 집단상소 운동의 형태로 일어나고 이에 찬성하는 집권 세력이 존재했으며 국왕조차 이에 동조하는 모습을 보였던 것은, 출생에 따른 차별을 부당하다고 인식하고 있는 당시 사회의 분위기를 보여준다. 서얼들의 집단행동이 있을 때마다 국왕이 이를 수용하려는 태도를 보이는 것도, 국왕 개인의 성향에서 비롯된 것보다는 민심民心을 존중하여 통치의 정당성을 확보하려 했던 것에 가깝다. 이는 당시 조선사회의 여론이 혈통으로 인한 기회의 차별을 명백한 불합리로 인식하고 이를 개선해야 한다는 쪽으로 기울어 있었던 것을 뜻한다.

---

30 한영우, 같은 책 3권, pp. 11~13.

조선시대 과거제도의 정비는 고려의 제도가 가지고 있었던 문제점을 개선하였다는 점에서 사회적 합리성을 크게 증진시킨 것이다. 한영우 교수는 "조선왕조가 500년 이상 장수한 비결은 지배엘리트인 관료를 세습적으로 보장하지 않고, 능력을 존중하는 시험제도인 과거로부터 부단하게 하층사회에서 충원했기 때문"이라고 하며 조선 정부가 공부를 열심히 하면 개천에서 용이 날 수 있는 탄력적인 사회를 유지하려한 것을 높이 평가했다.[31]

비록 조선 중기에는 서얼, 중인, 향리 등에 대한 차별을 통해 기득권을 세습적으로 누리려는 시도가 일부 성공하는 모습을 보이기도 하지만, 양란 이후 신분 변동이 활발하게 일어나면서 서민의 경제력이 향상되었고, 서얼 등 출세의 기회가 상대적으로 적었던 계층이 적극적으로 제도 개혁을 요구하면서 이러한 불합리가 바로잡혀 갔다.

신분제 사회였던 조선왕조에서 소위 '개천 용'이라고 할 수 있는 사람들의 비율이 왕조가 지속된 전 시기에 걸쳐 평균 30%를 훌쩍 넘고, 14세기 말~15세기 초에는 40~50%를 넘나들었다는 것은 놀라움을 넘어서 충격적인 사실이다.

비록 16세기에는 양반이 특권 신분으로 굳어지는 경향을 보이지만, 양란 이후에는 국가 재정악화를 타개하고자 납속과 공명첩의 발행이 활발히 이루어지기도 했고, 대동법 등 세제稅制의 합리적 개혁으로 경제력을 키운 서민들의 신분 상승이 얼마든지 가능했다. 조선 후기 사회에

---

31 한영우, 같은 책 4권, p. 430.

서 진행된 이러한 변화는 서민들의 신분 상승에 대한 욕구를 더욱 자극하였고, 이것이 생산력의 증가와 연동되어 조선 후기 사회의 발전을 이끌었다.

5. 역사 발전의 의미와 동력動力

어떻게 해야 역사가 '발전'할까?

인간은 누구나 '잘 살고 싶은' 욕망을 가지고 살아간다. 속된 말로 '부귀영화'를 누리고 싶어 하는 것이다. 인지상정人之常情이니, 탓할 일은 아니다. 종교에서는 이것이 헛된 일이라고 알려주기도 하지만, 대부분의 인간들은 이러한 욕망에서 벗어나지 못하고 살아간다. 그것이 바로 보편적인 인간의 속성이다.

인간이 자신의 욕망을 실현할 수 있는 상태가 바로 '자유'다. 그런데 인간은 혼자서는 살 수 없고 사회를 이루며 살아가야 하기 때문에, 같은 사회에 속한 다수의 사람들이 각자의 자유를 최대한 보장받기 위해서는 그 사회가 합리적으로 운영되어야 한다. 따라서 역사의 발전은 개인의 자유가 보장되기 위해 사회적 합리성이 확대되어 가는 과정이라고 할 수 있다.

'합리合理'의 증대는 '불합리'를 축소시켜 나감으로써 이루어진다. 여기서 '불합리'란 자유가 평등하게 배분되지 않은 모순 상태를 뜻한다. 자유의 불평등한 분배가 특권을 만들고, 더 많은 특권이 더 소수의 사람들에게 독점되어 있을수록 불합리가 늘어난다. 불합리를 줄이기 위한 기본적인 전제는 일정 규모 이상의 인구와 영토를 가진 정치체의 형성이다. 그것이 바로 '국가'다.

국가가 필요한 이유는 소규모 사회에서는 불합리의 정도가 통제되기 어렵기 때문이다. 무력을 소유한 집단이 구성원 전체를 물리적으로 제압하는 것이 충분히 가능하다면, 그 무력집단이 모든 자유를 독점하고 구성원들에게 전혀 나누어 주지 않아도 사회를 그대로 유지할 수 있다. 구성원들 전체가 힘을 합쳐도 무력집단을 이길 수 없는 것이 분명하다면, 모든 불합리를 감수하는 것 말고는 다른 방법이 없기 때문이다.

그러나 인구수가 일정 이상이 되면 소수의 무력집단에 의한 무단적인 통치는 오래 지속되기 어렵다. 시간의 문제일 뿐 구성원들의 반발로 그 사회가 붕괴될 확률이 높기 때문이다. 따라서 사회의 규모가 일정 수준 이상으로 커지면 무력을 소유한 집단도 스스로 불합리를 통제하려는 노력을 기울일 수밖에 없고, 점점 더 자유의 공평한 분배를 위해 노력하게 된다.

역사적으로 자유의 균등한 분배를 꿈꾼 사람들이 없지는 않았다. 정약용은 여전론閭田論을 통해 자신이 제공한 노동에 따른 수확물의 분배를 주장하기도 했고, 푸리에Franois Marie Charles Fourier : 1772~1837 역시 비슷한 주장을 했다. 그러나 이것이 '공상'에 불과하다는 사실은 역사가 이미 경험적으로 증명해 주었다.

모든 구성원에게 똑같은 크기의 자유를 나누어 주는 것이 불가능하다면 차등 상태를 수용할 수밖에 없는 뚜렷한 이유가 있어야 한다. 차등이 발생한 이유가 합리적이어야 한다는 뜻이다. 개인의 능력에 따라 발생한 차등이라면 합리적 이유가 된다. 차등이 발생한 이유가 외부가 아닌 자기 자신에게 있는 것이기 때문이다. 따라서 자유의 합리적인 분배를 위해서는 자유를 획득할 수 있는 기회가 사회구성원 모두에게 보편적으로 보장되어야 한다. 스스로의 재능과 노력으로 원하는 만큼의 자유를 획득할 수 있는 제도가 마련되어야 한다는 뜻이다.

만약 모든 구성원에게 동일한 기회가 주어졌음에도 불구하고 개인이 원하는 만큼의 자유를 획득하지 못했다면 그 결과는 온전히 개인의 책임이 될 수밖에 없다. 이렇게 되면 자유의 차등 소유가 정당화되고, 구성원들은 그 사회가 지속되는 것에 동의할 수 있게 된다. 이런 사회에서는 기회를 가진 모든 사람들이 더 많은 자유를 갖기 위해 노력할 것이고, 이것이 바로 역사 발전의 동력으로 작동하게 된다. 따라서 역사를 발전시키는 방법은 사람들에게 더 많은 '기회'를 주는 것이다.

기회 불평등의 내력에 대한 상상

인류의 역사가 시작되는 단계에서 기회는 얼마나 평등했을까? (모두가 짐작할 수 있는 바와 같이) '최고로' 불평등했을 것이다. 선사시대에는 신체적 능력의 크기가 곧 기회의 크기이고, 개인이 소유할 수 있는 자유의 총량이었다. 그리고 그것이 불평등하다거나, 자유가 다른 기준에 의해 배분되어야 한다는 생각조차도 할 수 없었다. 생리적 욕구와 안전에 대한 욕구 충족조차도 어려운 단계였기 때문이다. 그러나 불을 사용하게 되고, 농경이 가능해지면서 이러한 1차적 욕구의 절대성은 급감하기 시작했다. 그보다는 외부로부터의 침략이 훨씬 더 위협적인 요소로 등장했는데 이때에도 신체적 능력의 중요성은 여전한 편이었다.

인간이 가진 다른 요소들과 마찬가지로, 신체적 능력 역시 태어날 때부터 서로 다르게 가지고 태어난다. 후천적인 노력에 의해 좌우되는 부분도 있겠지만 그 모든 것이 합쳐져 개인이 가질 수 있는 기회의 크기를 결정했다. 농경 기술의 미발달로 식량이 절대적으로 부족한 상태에서, 욕구를 통제할 수 있는 아무런 장치도 마련되어 있지 않았을 때 나타날 수 있는 사회현상은 오직 하나다. 바로 '약육강식弱肉強食'이다.

하지만 인간은 고도의 지능을 가진 생명체고 비교적 긴 수명을 가진 존재이기도 하다. 인간들은 이러한 무제한의 투쟁 상태가 결코 구성원의 장기지속적 생존과 안전을 보장할 수 없다는 것을 모르지 않았다. 따라서 더 강한 무력을 소유하려는 노력과, 다수의 무력집단 간에 평화로운 공존 상태를 유지하려는 노력이 동시에 이루어졌다. 더 강한 무력을 소유하기 위한 노력은 더 많은 인력과 물력을 확보하려는 경쟁으로 나타났다. 그래서 부족 간에 연맹을 맺었고 외부 세력과의 전쟁 수행에 더욱 효율적인 체제를 만들었다. '국가'가 탄생한 것이다.

물론, 모든 지역의 역사가 다 이렇게 전개된 것은 아니다. 소규모 정치체인 상태를 유지해도 생존이 가능한 경우 국가가 형성되지 않을 가능성이 더 높았고, 실제로도 그랬다. 그리스 지역의 여러 폴리스는 대부분 산으로 둘러싸여 있는 분지에 자리 잡았기 때문에 높은 곳에서 아래를 내려다볼 수 있어서, 공격보다 방어에 압도적으로 유리했다. 따라서 무리하게 다른 폴리스에 대한 침략을 시도하는 것보다 필요한 상업적 교류를 하며 살아가는 것이 훨씬 더 합리적인 생존 방법이었다. 또 통일국가를 이루게 되면 그 과정에서 기득권을 잃게 되는 세력이 필연적으로 발생하게 되기 때문에, 지배계급의 입장에서는 서로의 영역을 인정해주고 기득권을 누리면서 살아가는 것이 현명한 선택이었다.

한편, 폴리스와 같은 소규모 정치체가 형성되어 장기간 지속할 수 있다는 것은 (굳이 무리해서 대규모 통일국가를 이루지 않아도 될 정도로) 경제적으로 상당히 풍요롭다는 뜻이기도 했다. 소규모 사회였기 때문에 중요한 의사 결정에 무력을 행사할 수 있는 모든 구성원이 참여할 수 있었고, 따라서 결정 내용의 추진도 원활하게 이루어졌다. 당시에는 전쟁에 참여하여 정치체를 유지하는 데 역할을 할 수 있는 사람들이 중요한 일에 대한 결정권을 직접 행사하는 것이 너무나 당연하게 여겨졌을 것이고, 따라서 의사결정의 방법이 직접민주주의적인 형태를 띠는 것은 자연스러운 일이었다. 노예의 경우에는 피정복민들이었고 노예 상태를 벗어나려는 사람들이 대부분일 것이므로 무기를 주어 전쟁에 참여시키는 일은 있을 수 없기 때문에 당연히 참정권을 주지 않았을 것이다. 이런 맥락에서 생각해 보았을 때, 고대 그리스 지역에서 직접민주주의가 발달했던 것을 특별히 선진적이라고 여길 이유는 없을 것 같다. 상식적으로 생각해 보았을 때, 고대 소규모의 부족 사회에서는 어디에서나 이와 비슷한 방식의 의사결정이 일어났을 것이다.

다만 그리스 지역의 폴리스들이 오랫동안 이 상태를 유지할 수 있었던 것은 지형적 이유도 컸고, 대규모 전쟁에 상시적으로 대비해야 할 필요가 없었기 때문으로 보인다. 페르시아 전쟁에서 승리한 것을 계기로 통일국가로 발전할 수 있는 계기를 맞이할 수도 있었겠지만, 그리스 세계의 통일은 그렇게 쉽게 찾아오지 않았다. 전쟁의 결과를 페르시아 입장에서 보면 대규모 군사들이 원거리를 이동하여 지친 상태에서 지리도 모르는 곳에서 전쟁을 치러야 했으므로 처음부터 불리한 전쟁이었고, 살라미스 해전의 패배 역시 그곳의 지형을 모르는 페르시아 함대로서는 어쩔 수 없는 일이었다고 할 수 있다. 이유가 무엇이 되었든

그리스 중장보병대의 전투 그림

페르시아라고 하는 강력한 대제국을 물리치고도 그리스 세계가 통일
국가를 이루지 못했던 까닭은 강력한 폴리스가 하나가 아닌 둘(아테
네와 스파르타)이었고, 이들 간의 대결로 양자 모두 세력이 약화되었기
때문이다. 그 결과 그리스 세계는 후일 알렉산드로스가 등장할 때까지
분열 상태가 지속되었다. 한 마디로, 그리스 세계가 오랜 세월 동안 통
일국가로 발전하지 못했던 데에는 다 그럴 만한 이유가 있었던 것이다.

국가라고 불릴 만한 대규모의 정치체가 성립하기 이전 단계에는 이
처럼 소규모 정치체가 난립하며 공존하는 경우가 종종 있었는데, 이런
상태가 비정상적으로 장기화된 것이 중세 유럽의 봉건 사회였다. 봉건
영주들은 각자의 장원 내에서 무력을 독점함으로써 (누구의 간섭도 받
지 않고) 구성원들에게 세금과 노동력을 징발했는데, 이러한 장원에 대
한 권리가 세습됨으로써 봉건적 특권 세력이 형성되었다. 장원의 영주
들은 서로 간에 계약을 맺어 주군-봉신의 관계를 형성했는데, 이는 유
사시에 경제적·군사적 조력을 얻고자 하는 목적도 있었지만 기본적으
로 각자의 특권을 인정해주고 서로 간섭하지 않을 것임을 약속함으로

써 자신이 현재 장원에서 누리고 있는 봉건적 특권(징세권과 재판권)을 계속 유지하려는 것이기도 했다. 후일 나폴레옹이 유럽 전역을 제패하면서 유럽 세계에 '민족주의'가 확산된 이유는 나폴레옹에 의해 이러한 봉건적 특권을 상실할 위기에 처한 귀족들이 '통일국가'의 필요성을 절감했기 때문이다.

호족사회가 관료사회로 발전하기까지

초기 국가는 외부로부터의 공격에 맞서기 위해 몇 개의 정치체가 군사적 동맹관계를 맺으면서 성립하였다. 그리고 그중 가장 강력한 정치체를 중심으로 통합이 진행되었는데, 이 단계에서는 비록 가장 강력한 힘을 가진 세력의 수장이 국왕의 지위를 차지한다 해도 왕위의 세습이 안정적으로 이루어지지는 못했다. 조세 징수와 군사력 징발도 각 정치체의 지배집단에 의해 주도되었기 때문에 국가의 통치는 사실상 지방의 토착 지배 세력인 호족의 협력을 받아 이루어졌다. 따라서 모든 특권이 호족 세력에 의해 독점되었는데, 무력을 동원하여 국가를 유지하는 주체가 바로 그들이었기 때문이다.

강력한 외부 세력의 위협은 국가의 통합을 더욱 촉진시켰다. 권력이 중앙으로 집중되면서 지방 호족 세력 중 상위 계층은 수도로 옮겨와 고위 관직을 차지했고 이를 통해 다양한 특권을 누렸다. 그리고 이러한 특권을 세습적으로 독점함으로써 귀족계급을 형성하였다.

그러나 국가의 규모가 확대되면서 소수 귀족계급이 계속해서 특권을 독점하는 것이 어려워졌다. 국가재정과 군사력의 규모가 커지면서 이것을 유지하기 위해 필요한 인력이 크게 증가하였을 뿐만 아니라, 국왕과 귀족과의 이해관계도 점차 엇갈리기 시작했기 때문이다. 국왕은 국가 체제를 유지하는 것이 최우선이고 귀족은 자신들의 특권을 유지하는 것이 더 중요했기 때문에, 국가 전체의 이익인 공公과 귀족들의 사私적 이익이 충돌할 수밖에 없었다. 따라서 국왕은 세습적 귀족을 견제할 수 있는 새로운 세력을 필요로 하게 되었고, 국왕에 대한 충성도를 기준으로 사회경제적 이익을 배분하는 시스템을 마련했다. 이것이 바로 관료제도였다.

관료의 선발은 초기에는 귀족 자제들 가운데 추천을 통해 이루어졌지만 이것은 국가를 통치하는 데 귀족 세력의 협조가 절대적으로 필요하던 단계에서 채택한 제도였다. 관리의 등급을 정한 것은 국가의 성립과 유지에 더 많이 협력한 귀족 가문에게 더 높은 관등을 주기 위한 것이었다. 이러한 제도들은 귀족 세력이 국왕에게 선택받기 위해 충성 경쟁을 할 것을 기대해서 만든 것인데, 중앙 관료로 진출하기를 원하지 않는 귀족은 통제할 수 없었고 인력풀도 제한되어 있다는 한계가 있었다.

그래서 대다수의 일반 백성을 대상으로 시험을 쳐서 인재를 선발할 수 있게 만든 제도가 바로 과거科擧제도였다. 과거를 통해 관직에 등용된 관료들은 자신의 사회경제적 지위를 원칙적으로 세습할 수 없었고, 관직의 승강昇降이 국왕에게 달려있어서 충성을 다하지 않을 수 없었다.

국가의 의사결정에 참여하고 이를 집행할 사람들을 '시험'을 통해 선발하는 제도는 사회의 합리성을 대단히 높인 것이고 국가 발전에도 크게 도움이 되었다. 그러나 지금까지 혈통만으로 모든 특권을 보장받았던 귀족들로서는 받아들이기 어려운 제도였기 때문에, 제도의 시행 과정에서 귀족계급의 강한 반발에 부딪힐 수밖에 없었다.

중국에서 귀족 세력은 남북조 시대를 거치면서 비록 상당히 도태되기는 하였으나 그렇다고 해서 모두 사라진 것은 아니었다. 따라서 수·당 대에 시행된 과거제(중국에서는 선거選擧라고 함)는 1차로 예부禮部가 주관하는 시험을 통해 관리로서 유자격자를 걸러내고, 다시 귀족계급이 주관하는 일종의 면접시험(이부시吏部試)을 통과해야 관리로 임용될 수 있도록 해서, 가문에 의해 당락이 결정되는 경우가 많았다.[32] 과거제의 시행에도 불구하고 당이 '귀족사회'로 분류되는 까닭은 여기에 있다.

이처럼 귀족 출신에게 유리했던 과거제가 송宋 대에 들어와 더욱 합리적으로 바뀐 배경은 당말 5대10국의 항쟁 과정에서 귀족 세력이 대부분 몰락했기 때문이었다. 그래서 가문의 영향력이 배제된 상태에서 오로지 개인의 실력만으로 승부할 수 있는 완전한 형태의 과거제가 시행될 수 있었고, 국가의 중심세력도 귀족이 아닌 사대부士大夫 계층으로 바뀌었다.

---

32 동북아역사넷-중국의 관리 선발제도(과거제).

중국 송末 대의 사대부

　송 대의 과거제가 초래한 결과는 동전의 양면과도 같은 것이었다. 한편으로는 철저한 관료제의 확립이 황제권을 비대하게 만들어 환관에 의한 측근정치가 이루어질 수 있는 환경을 만들었고, 다른 한편으로는 기회를 가진 모든 구성원이 신분 상승을 위해 열심히 노력하는 환경을 조성했다. 그 결과 송 대에는 경제적·문화적 측면에서 다른 어느 때보다 눈부신 발전이 이루어졌다. '기회의 시대'에 자식을 공부시켜 출세시키려는 욕망은 경제 활동으로 이어져서 농업과 상업, 수공업 분야의 발달이 가히 혁명적으로 일어났고, 경제력이 상승한 서민들이 문화의 향유 주체로 등장했다. 송 대에 화약과 나침반이 발명되고, 과거시험의 수험서를 인쇄하는 인쇄술이 크게 발전하는 등 문화가 융성한 것은 우연한 일이 아니었던 것이다.

그렇다면 우리나라의 경우에는 어땠을까?

앞에서 살펴보았듯이 신라에는 골품제가 있어 귀족계층(진골)과 귀족이 아닌 계층(두품족)이 나누어져 있었고, 이들 간의 신분의 장벽은 매우 견고한 편이었다. 1~5등급까지의 고위 관직은 진골귀족이 독점했는데, 삼국통일 이후 군공軍功을 세울 수 있는 기회가 현저히 줄어들면서 일반 평민들이 출세할 수 있는 길은 사실상 막혀버렸다.

특히 6두품 계층 가운데에는 도당유학생 출신이 많아 당에서 시행되는 과거제에 대해 잘 알고 있었으므로 골품제의 모순에 대한 비판은 더욱 거세질 수밖에 없었다. 진성여왕 이후 정치가 혼란해지고 지방에서 무력을 장악한 호족 세력이 성장하자 6두품 계층은 호족과 결탁하여 국가를 붕괴시켜버렸다. 이처럼 골품제에 의한 사회적 모순이 혁파된 것은 역사가 한 단계 발전한 것으로 보아야 한다.

고려 광종 대에는 시험을 통해 관리를 선발하는 과거제가 시행되었다. 과거시험에 대한 응시 자격은 원칙적으로 천민을 제외한 모든 구성원에게 주어졌기 때문에 제도적인 측면에서 기회의 평등은 이때 실현되었다고 볼 수 있다. 이는 역사가 더욱 진보할 수 있는 발판을 놓은 것이다.

그러나 음서제에 의해 관직의 세습이 가능했고 실제로 좋은 문벌 출신이 높은 관직에 오르는 경우가 많아서 실질적인 기회의 평등은 이루어지지 못했다. 고려는 호족들의 협조로 세워졌고 이들 호족들 중 상당수가 태조 대에 왕실의 외척으로 자리 잡은 상태였기 때문에, 이들의 특권을 완전히 배제하고는 고려왕조가 유지될 수 없었다. 비록 정종 대에 (거란에 대비한다는 핑계로) 광군光軍을 편성하고 광종이 노비안검법을 실시하여 호족들의 군사력을 상당히 약화시켰다고 해도, 유력한 호족들이 연합하여 총력을 다 한다면 승부를 예측하기 어려운 상황이 올 수도 있었다.

고려는 중국과 같이 규모가 큰 국가가 아니었기 때문에 무력을 가진 소수에 의해 국가가 장악될 수 있는 가능성은 항시 남아 있었고, 따라서 '실질적인' 기회의 평등은 좀 더 기다리지 않으면 안 되었다. 고려 사회가 '귀족사회'로서의 성격을 탈피하지 못한 것은 이 때문이었다.

그러나 소수의 문벌귀족에 의해 사회경제적 특권이 독점되는 불합리한 상태는 오래 지속되지 못했다. 무신정변이 일어난 것이다(1170년). 무신정권 하에서는 무신세력이 모든 특권을 무단으로 독점함으로써 역사를 오히려 더욱 후퇴시키는 결과를 초래했다. 더욱이 몽골의 침략은 고려 사회에 총체적인 위기를 안겨 주었으며, 원 간섭기에는 부원배들이 특권을 독점하여 불합리가 더욱 가중되었다. 공민왕 대에는 과거제 개혁을 통해 새로운 인재를 대거 충원함으로써 국정을 쇄신하고자 하였으나 공민왕이 중도에 시해됨으로써 개혁이 좌절되었다. 공민왕에 의해 등용된 신진사대부들은 위화도 회군을 통해 정권을 잡게 되자 경제적 특권이 권문세족에게 편중되어 있던 문제를 과전법 실시를 통해 개혁하였고, 마침내 신왕조 개창에 성공하였다.

조선은 강력한 군사력을 바탕으로 세워진 국가였다. 건국자인 이성계가 강력한 무장武將 출신이기도 했고 국초 요동정벌 추진과 태종의 개혁을 통해 사병私兵 세력이 대부분 혁파됨으로써 조선 정부는 고려에 비할 수 없을 정도로 압도적인 군사력을 독점하였다. 따라서 모든 권력을 중앙에 집중시키는 개혁을 과감히 시행할 수 있었는데, 지방의 속현(지방관이 파견되지 않았던 지역)을 없애고 사원의 토지와 노비를 몰수한 것도 이러한 배경에서 가능했다.

관리를 등용하는 데 있어서도 더이상 귀족계급의 편의를 보아줄 이유가 없었다. 조선은 과거제 개혁을 통해 명실상부한 '기회의 보편성'을 실현하는 단계로 나아갔다. 이에 따라 고려시대 음서와 같이 타고난 혈통만으로 관직을 세습할 수 있는 경로는 사실상 사라졌는데, 예외적으로 문음이나 추천에 의해 관직에 진출하기 위해서도 일정한 시험을 거쳐야 했고, 이를 통해 받을 수 있는 관직도 낮은 품계의 한직閑職에 그쳤다. 또 후일 고관으로 승진할 수 있는 청요직은 실력으로 문과에 합격해야만 임명될 수 있었고, 과거시험을 거치지 않은 사람은 관계官界에서 인정받기 어려웠다.

지방의 공립 교육기관인 향교에는 일반 양인들도 얼마든지 입학하여 교육받을 수 있었는데, 향교는 고을마다 하나씩 건립되었고 교수와 서책 등의 재원은 국가에서 제공하였다. 향교의 학생들은 학비와 군역도 면제되어 가난한 농민들도 교육을 받을 수 있었다. 개인이 가질 수 있는 기회의 크기가 혈통이 아닌 자신의 실력에 의해 온전히 좌우될 수 있는 사회 환경이 조성된 것이다.

실제로 조선 중기를 제외한 15세기와 18세기 이후에는 '낮은 신분 출신의 급제자' 비율이 40~50%를 넘어서고 있어, 기회의 보편적 보장이 실질적으로 이루어졌음을 알 수 있다. 이처럼 신분 상승의 기회가 크게 확대되었기 때문에, 인구와 경지 면적이 증가하는 등 경제적으로 성장하였음은 물론, 문화적인 면에서도 비약적인 발전이 이루어져 역사가 크게 도약할 수 있었다.

19세기 독일의 사회학자 베버는 대국大國의 성립으로 근대사회가 발전하게 되면 불가피하게 직업적 관료군이 발달하고, 근대사회의 운명이라고 말할 수 있는 합리적 관료제가 발달하여 관료들이 일정한 신분적 성격을 띠게 된다고 주장했다.[33] 마치 조선 전기에 과거시험을 통해 형성된 양반 관료들이 16세기 이후 신분적 성격을 띠게 되었던 것을 눈으로 보기라도 한 것 같은 설명이다.

○ **역사 발전의 과정** = 사회적 합리성('자유' 확보를 위한 기회의 평등)의 확대 과정

    ※ '자유' : 인간의 보편적인 욕구(생리적 욕구, 안전에 대한 욕구, 명예와 자아성취 등에 대한 욕구 등)를 실현할 수 있는 유·무형의 자산(베버의 계급 상황과 유사한 개념)[34]

○ **역사 발전의 단계**   **원인 : 사회의 합리성 결과 : 기회**

- 국가 성립 이전 단계 : 소규모 정치체의 난립 상태

- 일정 정도 이상의 영토와 국민을 가진 '국가'의 성립

- 지방의 지배 세력에 의한 특권 독점(호족 사회)

- 형식적(제도적) 기회 균등의 실현(귀족 사회)

- 실질적 기회 균등의 실현(관료 사회)

- 국가 권력 창출에 대한 기회 균등의 제도화(민주 사회) **확대**   **확대**

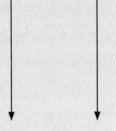

---

33 太田秀通, 같은 책 II, p. 286.

34 베버의 계급상황(Klassenlage)은 전형적인 기회(chance)를 의미하는데, ① 재화의 조달 ② 외적인 생활지위 ③ 내적인 생활지위의 기회이다. 이 기회는 재화 또는 직업으로 인한 자격으로부터 주어지는 처분권 또는 그것의 결여의 정도와 종류, 그리고 주어진 경제질서 내부에서 소득 또는 수입을 취득하기 위해 그러한 기회를 이용할 수 있는 방법 등에서 유래한다(太田秀通, 같은 책 II, p. 279).

'근대화'의 성패成敗가 정당화한 역사

세도 정치 시기에는 일부 세도 가문에 의해 과거시험이 장악되고 매관매직이 이루어져 모든 사회경제적 특권이 소수 가문에게 집중되었다. 심각한 역사의 퇴행이 발생한 것이다. 흥선대원군의 집권으로 세도 정치가 막을 내린 고종 대에는 과거시험에서 '낮은 신분 출신의 급제자'가 1894년(과거제 폐지) 이전까지 평균 약 58%를 차지하는 등 새로운 변화의 분위기가 일어났지만, 미국과 영국 등 당시 세계 최강대국의 지원을 받았던 일제의 침략을 막아내기에는 역부족이었다.

비록 조선의 결말은 일제에 의한 강점強占이었지만, 그 원인을 '근대화'에 실패했기 때문이라고 하는 것은 매우 의도적인 주장이다. 이런 논리라면 일본은 자동적으로 '근대화'에 성공했기 때문에 조선을 식민지화한 것이 되기 때문이다. 역사 현상은 무력 충돌의 승패로 나타났고, 그 승패에 결정적인 역할을 한 것은 서양의 우수한 무기였는데, 왜 그것이 '근대화'의 성공과 실패로 자동 변환되는 것인지 이해하기 어렵다. 만약 우리 역사에서 침략의 명분으로 활용된 '근대화'가 아직까지도 우리 역사상 가장 중요한 변화와 발전의 지표가 되고 있기 때문이라면, 그러한 시각을 재고해 볼 필요가 있다.

역사의 발전은 (베버의 말대로) 사회적 합리성의 증대를 통해 이루어지는 것이고, 그 합리성은 기회의 보편적 보장을 통한 자유의 공정한 배분으로 나타난다. 그리고 우리 역사는 그러한 방향으로 꾸준히 발전해 왔다. 다만 그러한 합리성의 증가가 우수한 무기의 개발과 곧바로 직결되지는 않았을 뿐이다.

일제에 의한 강점은 우리가 발전하지 못한 역사를 가지고 있고 근대화에도 실패했기 때문에 필연적으로 초래된 결과가 아니라, 우리의 과학기술이 그 당시 서양에 미치지 못했고 서양 세력의 침략에 저항하는 정도가 일본에 비해 훨씬 더 강력했기 때문에 발생한 결과였다고 생각된다.

서양에서 돈이 곧 기회가 된 이유

과거에 비해 더욱 합리적인 사회로의 발전은 유럽에서도 진행되었다. 16세기경 소위 '절대왕정'이라 불리는 시기에 루이 14세와 같은 국왕은 부르주아와 귀족을 적절히 관료로 등용함으로써 이들 간의 세력 균형을 통해 자신의 권력을 강화하였다. 따라서 이 시기에 부르주아는 귀족계급에 대해 그다지 적대적이지 않았고, 오히려 귀족과 상호 협조적인 관계에 있었다. 당시까지는 부르주아에게도 대학을 졸업하고 법률가가 되어 경력을 쌓을 수 있는 길이 열려있었고 능력을 입증하여 관직에 진출할 수도 있었기 때문이다. 그리고 관직에 있으면서 일정 기간 이상을 경력을 쌓게 되면, 부르주아 출신이 귀족사회에 편입되는 신분 상승도 가능했다. 루이 14세 시기는 무리한 전쟁으로 인해 재정 낭비는 심했지만, 사회적 합리성만큼은 확대되

절대왕정을 대표하는 프랑스 루이 14세

고 있던 시기였다.

문제는 루이 16세 때 심하게 궁핍해진 귀족들이 성직과 군직 등의 관직을 독차지하려고 하면서 발생했다. 본래 유럽의 귀족들은 스스로 노동하고 생산하는 계급이 아니었기 때문에 장원제의 붕괴로 계속해서 점점 더 궁핍해져 가고 있었는데, 이러한 경제적 어려움을 해결하기 위한 수단으로 관직을 독점하려고 했던 것이다. 이에 부르주아들은 그동안 열려있던 상류사회로의 진출 기회가 막히게 되자 크게 반발했고, 이것이 그들을 혁명으로 나아가게 만들었다.

프랑스혁명은 한 마디로 부르주아와 사이좋게 공존할 것처럼 보였던 귀족들이 돌연 혈통을 앞세우며 그들의 신분 상승의 통로를 막으려고 하자, 부르주아들이 유혈사태를 일으켜 귀족사회를 무너뜨리고 '국민국가'를 수립한 사건이었다. 그래서 1789년 국민의회의 봉건제 폐지 법령 11조에는 '모든 시민은 출생에 관계없이 성직, 사무직, 군사직의 모든 직무에 오를 수 있다'는 조항이 포함되었고, 시에예스Emmanuel Joseph Sieyès는 「제3신분이란 무엇인가」라는 글에서 정부가 특정 계층의 전유물이 된 것을 비판하며, '제3신분은 현재까지의 정치 위계 속에서 아무 것도 아니었지만, 무엇인가가 될 것을 요구하는 것'이라고 주장했던 것이다. 그는 특권 신분이 유일하고 영예로운 직책을 모두 독점한다면, 시민 전체에 대한 가증스런 불공평이며 국가에 대한 반역이

프랑스혁명기 바스티유감옥 습격 장면

라고까지 말했다.[35]

이 사건으로 그때까지 몇몇 가문의 사私적 소유물로 여겨져 온 '봉건국가'는 공公적 개념인 '국민'에 의한 국가로 교체되는 계기를 맞이했다. 이때 '국민'은 혁명의 주체이면서 새로운 정치의 주체인 부르주아의 국가 정체성을 확실히 하기 위한 개념으로 만들어져서, 나중에는 국가 권력을 합리화하는 도구로 활용되기도 했다.

결국 프랑스혁명은 아메리카의 귀금속이 유럽에 유입된 이후 줄곧 진행되어 온 경제적 변화의 물결을 노쇠한 신분제의 벽으로 막으려고 하다가 일어난 결과였고, 부르주아들은 자신들이 부순 신분의 장벽에 '앙시엥 레짐(구제도의 모순)'이라는 이름을 붙여 혁명의 정당성을 확보했다.

혁명의 결과 귀족에게 편중되어 있던 자유 획득의 기회가 부르주아에게도 확대되었으므로 사회의 합리성은 크게 증대되었다. 그러나 유럽의 경우에는 (중국이나 우리나라와는 달리) 시험을 통해 관료로 출세할 수 있는 길이 처음부터 존재하지 않았고 고비용이 투입되어야 다닐 수 있는 '대학'을 졸업해야 기회를 얻을 수 있었기 때문에, 대학에 다니기 위한 경제력을 쌓을 수 있는 기회, 즉 재산권에 대한 보장이 그들이 생각할 수 있는 기회의 전부가 될 수밖에 없었다.

인재의 등용이 신분이 아닌 개인의 능력에 의해 이루어지는 사회가 더 발전된 사회라는 생각은 유럽인들도 똑같이 가지고 있었다. 16세기 중엽 오스만 제국에 갔던 유럽 합스부르크 왕국의 대사는, '오스만 제국에서는 천한 일을 하는 사람의 자식도 최고의 지위에 오를 수 있다'

---

35 이영효 편저, 같은 책, p. 124.

고 하며 이를 높이 평가했다. 그리고 '사람의 운명을 결정하는 것이 출신과 신분이 아닌 능력이며, 뛰어난 능력은 출생으로 얻어지는 것이 아닌 끝없는 훈련과 노력으로만 얻어진다고 생각한다'는 사실에 감탄을 표하기도 했다.[36]

조선 정부가 사회적 '합리성' 증대를 위해 사용했던 방법

사회적 합리성을 확대하는 길은 비단 관직 등용의 기회를 넓히는 것만이 전부는 아니다. 세제稅制의 합리적 개선을 통해 경제적 실력을 쌓을 수 있는 기회를 확대하는 것도 구성원들의 자유 획득에 대한 의지를 제고하는 좋은 방법이다.

상식적으로 생각해 보았을 때, 개인이 열심히 노력해서 생산을 늘린다고 해도 힘 있는 자들에게 대부분 세금으로 빼앗길 것이 예상된다면 생산을 늘리려는 의지가 반감될 수밖에 없다. 반면, 노력한 대가가 자신에게 더 많이 주어진다면 같은 환경이라도 더 많은 수확을 얻기 위해 최선을 다하게 마련이다. 조선시대에 남의 땅을 빌려서 경작하는 농민이 땅주인에게 내는 대가를 (수확량에 상관없이) 정액定額으로 내게 하였을 때 생산량이 더 늘어났던 것이나, 유럽의 장원에서 지대를 노동력이 아닌 화폐로 납부할 수 있게 되면서 생산력이 증가했던 것은 바로 이런 이유 때문이었다.

또 각자가 소유한 재산 정도와 상관없이 호戶 단위로 부과하던 세금을, 토지 면적에 비례하여 내게 하는 대동법의 실시도 조선 후기 경제

---

36 김형종 외,『고등학교 세계사 교과서』, 금성출판사, 2014, p. 220.

발전에 크게 기여했다. 국가가 세금을
합리적으로 징수하게 되면 개인이 자신
의 능력에 따라 부富를 축적할 수 있는
기회가 그만큼 늘어나게 되어, 생산을
늘리고자 하는 노력을 더욱 적극적으
로 기울이게 되기 때문이다.

정치적 의사 결정에 참여할 수 있는
기회를 다수에게 확대하는 것도 사회
적 합리성을 확대하는 방법이다. 소위
'의회민주주의'라는 제도를 서양에서
들여오기 전에는 우리 역사에서 사회구
성원의 의사가 정치에 반영될 수 있는
길은 존재하지 않았다고 생각할 수도
있지만, 조선의 정치사에서 공론公論을

대동법 시행 기념비

지나치게 중시하여 부작용을 낳은 경우는 있었어도 공론을 무시했던
경우는 거의 없었다. 대간의 공론을 철저히 억누르려고 했던 연산군이
종국에 폐출되었던 사례에서 볼 수 있듯이, 비록 국왕이라고 해도 공론
을 무시하는 일은 함부로 해서는 안 되었다.

조선 사회에서 정치적 공론은 중앙 정치 무대는 물론 지방 양반들
사이에서도 항시 조성되었고, 최고의 지성이 모인 성균관 유생들도 집
단 의사를 표출하는 경우가 많았다. 선비들이 복합 상소를 올리고 대
궐문 앞에 엎드려 국왕을 압박하는 일은 수시로 일어났고, 심지어 자신
의 뜻을 받아들이지 않으려면 도끼로 목을 치라는 뜻으로 홀로 도끼를
등에 짊어지고 상소를 올리는 경우(지부상소持斧上疏)도 있었으니, 조선

에서 사회 구성원들이 의사를 표현하는 방법은 참으로 다양했다고 할 수 있다.

한편, 사족 계층의 공론만 정치에 반영되었던 것은 아니었다. 민심民心을 반영하기 위한 노력도 많이 있었다. 세종대왕은 전세田稅 제도를 고치기 위해 전국의 약 17만 명 이상의 전현직 관리와 일반 농민들에게 여론조사를 실시했고, 영조는 재위기간 동안 대궐 문 앞에 나아가서 백성들의 의견을 묻는 순문詢問을 약 200여 차례나 실시했다. 조선왕조에서 국왕이 신하와 백성들에게 의견을 구하는 일求言은 수시로 있는 일이었고, 과거시험에서 국가 현안에 대해 의견을 묻는 일도 다반사였다. 후일 독립협회가 개최한 만민공동회가 매번 그렇게 성황을 이루었던 것도 이러한 전통이 있었기에 가능한 일이었다.

『조선왕조실록』에서 '민심民心'은 총 1,300회가 훨씬 넘게 언급된다. 민심을 앞세워서 할 수 있는 일이 그만큼 많았다는 뜻이다. 이런 부분들을 고려한다면 조선이 전근대적인 전제정치專制政治 국가여서 일반 백성들의 의사가 정치에 반영될 기회가 없었다는 말은 쉽게 하지 않는 것이 좋을 것 같다.

우리가 '개천용'을 지향하게 된 역사적 배경

유럽에서 참정권에 대한 요구가 유독 거세게 일어났던 것은 그만큼 기회가 일부 계급에게 편중되어 있었고, 피지배층이 자기 의사를 표현할 수 있는 기회가 제한되어 있었다는 뜻도 된다. 강렬한 저항을 통해 정치에 참여할 기회를 제도적으로 마련하지 않으면 안 될 정도로, 사회 구성원들의 의사가 철저히 무시당해 왔던 것이다.

그러나 기회의 편중과 박탈이 심했던 만큼, 그에 대한 반작용도 컸다. 선거를 통해 대표자를 뽑는 정치체제를 도입함으로써 서양의 역사는 비약적으로 진보했다. 비록 자본주의 사회를 탄생시킨 근본적인 동력은 아메리카에서 빼앗은 귀금속이 제공해 준 것이라 해도, 그로 인해 폭증한 경제력이 사회적 합리성을 끌어올려 기회의 확대를 자극했으니 역사 발전의 방향만큼은 제대로 찾았다고 할 수 있다.

그러나 서양의 역사는 이처럼 외부적 요인으로 인해 확대된 경제력이 정치와 사회 변화를 압박하는 방식으로 전개되었기 때문에, 결과적으로 사회가 스스로 합리성을 확대해 나가는 과정은 생략되고 말았다. 즉, 세습적 특권에 의한 불합리가 만연했던 귀족사회 단계에서 관료제 사회로의 발전 단계가 결핍된 채, 산업혁명으로 인해 급부상한 자본가(부르주아) 계층이 실력으로 귀족사회를 붕괴시킴으로써 갑자기 민주주의 사회로 떠밀려가게 된 것이다.

따라서 서양인들은 처음부터 경제력을 쌓을 수 있는 기회를 이 세상의 모든 기회라고 여길 수밖에 없었고, 경제력이 없어도 출세할 수 있는 기회에 대해서는 (한 번도 경험한 적이 없기 때문에) 인식조차 할 수 없게 되었다. 절대왕정 시기에 관료제가 잠시 도입된 적이 있었지만 기간이 길지 않았고, 관료가 된 경로도 고비용의 대학 교육을 통한 것이었으므로 경제력과 상관없이 순수하게 본인의 능력만으로 출세할 수 있는 사회는 상상할 수 없었다. 따라서 서양에서는 열심히 일해서 재산을 축적할 수 있는 기회가 보장되어 있는 한, 경제력의 차이에 의해 발생하는 모든 결과를 불합리로 느끼지 않게 되었는데, 그것이 바로 자본주의 사회의 내력이자 본질이었다.

하지만 우리의 역사는 서양과는 다르게 전개되었다. 경제적으로 궁핍해도 개인의 능력만으로 '일인지하 만인지상一人之下 萬人之上'인 재상의 자리에도 오를 수 있는 기회가 주어졌던 시대를 이미 거쳐 왔다. 다시 말해, 재산 축적의 기회가 보상된 사회단계보다 한 단계 더 진전되어 경제력이 없어도 개인의 실력만으로 더욱 포괄적인 자유를 얻을 수 있는 기회가 보장되었던 역사적 경험을 풍부하게 가지고 있는 것이다. 그리고 그 기회는 경제력과 상관없이 오직 개인의 타고난 자질과 노력에 의해 얻을 수 있는 것이기도 했다.

이처럼 합리성이 극대화된 사회를 수백 년간 경험해 온 우리 민족으로서는 이전 시대보다 더 많은 기회가 보장되는 사회를 기대할 수밖에 없는데, 이제 와서 (마치 서양처럼) 경제력에 의해 개인이 가질 수 있는 기회가 좌우되는 상황에 처하게 된다면, 이를 심각한 불합리로 인식할 수밖에 없다. 우리에게는 마치 역사가 12세기 문벌귀족사회로 다시 퇴행한 것과 마찬가지인 것이다.

상황이 이런 데도 불구하고 우리에게 '역사 발전'은 곧 서양과 같은 경로의 역사 전개, 즉 '자본주의의 발전'이라는 인식이 뿌리 깊게 박혀 있다. 따라서 서양은 선진국이고 서양의 모든 것이 '정답'이 될 수밖에 없다. 개인의 실력에 의해 경쟁하는 시험이 폐지되고 경제력에 의해 개인의 미래가 좌우되는 제도가 점점 더 늘어나도, 그것이 더 '발전된' 제도인 척 우길 수 있는 까닭은 서양에서 그렇게 하고 있기 때문이다. 그런데 서양에게는 이것이 분명 역사의 발전이지만, 우리에게는 명백한 역사의 퇴행이다.

우리가 강남에 사는 사람들이 명문대에 많이 가는 것을 사회문제라고 느끼고, 고비용의 대학원을 졸업해야만이 고소득의 전문직을 갖게 되는 것을 불합리하다고 생각하게 된 까닭은, 우리의 역사적 경험이 그보다 더 앞서있기 때문이다. 그런데도 불구하고 서양의 역사 발전에 대한 개념을 이 세상 모든 역사 발전에 대한 절대적 모범답안으로 맹신함으로써 심각한 인지부조화 현상이 초래되었고, 따라서 우리의 상식과 경험으로는 분명히 불합리하게 느껴짐에도 불구하고 그것이 더 '발전적'이고 '선진적'인 제도라는 주장에 저항하기 어려워진 것이다.

비록 제도적인 측면에서 국가 권력 창출의 기회를 보편화하는 작업은 서양보다 늦었지만, 조선은 대다수의 구성원에게 관료가 되어 국정에 참여할 수 있는 기회를 폭넓게 보장했던 국가였고, 이런 이유로 조선의 국민들은 스스로 국가와 사회, 그리고 역사의 주인임을 명확하게 인식할 수 있었다. 자신들의 힘으로 역사를 바꿀 수 있다는 확신을 가지고 있었고, 잘못된 역사의 진행을 바꿔야 한다는 사명감을 가졌기 때문에 주권 수호의 의지도 그만큼 강렬하게 발휘될 수 있었던 것이다.

역사의 발전은 결국 인간에 의해 이루어진다. 인간은 저마다 다양한 욕구를 가지고 있고, 이를 실현하기 위해 필요한 유·무형의 자산을 획득하고자 노력한다. 이러한 노력은 더 많은 기회가 보장될 때 극대화되고 자신이 속한 국가와 사회를 발전으로 이끌 수 있다.

그러므로 역사 발전의 동력은 개인과 국가의 운명을 스스로의 힘으로 바꿀 수 있다는 확신으로부터 제공된다. 우리는 이것을 '희망'이라고 부른다.

신유아

서울대학교 사범대학 역사교육과를 졸업하고 같은 대학 대학원에서 「조선전기 체아직 연구」로 박사학위를 취득했다. 2000년부터 2015년까지 부천여자고등학교, 세종국제고등학교 등에서 역사교사로 근무하였고, 2014년에는 교육부 역사교육지원TF에 파견되어 교과서 내용 분석 등의 업무를 담당하였다. 현재 인천대학교 사범대학 역사교육과 교수로 재직하고 있다.

프레임에 갇힌 역사, **프레임**을 깨는 역사

신유아 지음

초판 1쇄 발행 2021년 10월 27일

펴낸이 오일주
펴낸곳 도서출판 혜안

등록번호 제22-471호
등록일자 1993년 7월 30일

주 소 ☞ 04052 서울시 마포구 와우산로 35길 3(서교동) 102호
전 화 3141-3711~2
팩 스 3141-3710
이메일 hyeanpub@hanmail.net

ISBN 978-89-8494-669-9 03910

값 15,000원